梁野文库

悠远的古道

武平古代交通印记

陈厦生　主编

社会科学文献出版社
SOCIAL SCIENCES ACADEMIC PRESS (CHINA)

摭故实以激忠义，兴文化而振精神

（总序一）

陈厦生

习近平总书记强调，文化是一个国家、一个民族的灵魂。文化兴国运兴，文化强民族强。武平的发展进步亦如此，离不开以文载道、化育人心，凝聚合力、共写辉煌。在党的十九大胜利召开之际，"梁野文库"首批 5 本书籍即将与读者见面了。此时此刻，不禁感慨系之。

"百支千脉从东汇"，"无限风光碧水湄。此地昔年传胜事，迄今留得晓风吹。"这是清康熙年间汀州知府王廷抡、明天启年间武平知县巢之梁笔下的武平一角。而武平这片热土，可歌可咏可记载的，何止这一两个片段？古往今来，多少文人雅士在登临武平山川、濡染武平风物之后，遥襟甫畅，逸兴遄飞，留下诗文典章，供后人赏读、研习与感怀。千载文脉、一邑民风，因而有迹可寻，因而薪火相传。

武平地处三省边陲，文脉久远。考古学者在武平发掘出的文物证明，早在 3 万多年前就有晚期智人在武平生活，这里是福建人类文明的重要发源地之一；新石器时代，这里的古越族已创造了灿烂的史前文明；而 2000 多年前的武平则是汉初古南海国的都城所在地，尽管这个王国存续时间非常短暂，却在这里留下了汉文明的点点火花。北宋淳化五年武平置县，此前此后，无数衣冠南渡的中原士族在闽粤赣边披荆斩棘、开疆辟土，演绎出客家史的磅礴篇章。

千年古邑，积淀深厚，见证着武平源远流长的文化传承，也印证着武平人善良坚韧的优秀品格。今天的武平，不但连续两年蝉联"福建县域经济发展十佳"，拥有"中国林改第一县"等一个个省级、国家级的桂冠，致力于实现"生态环境的高颜值和经济发展的高素质"；而且注重文化保护与传承，致力于精神世界的丰富与提升，今年还成功获评第五届"全国县级文明城市"，谱写出一曲曲文化之韵、文明之音。

康熙三十七年，当时主政武平的赵良生如此感叹："蕞尔山陬，节孝迭兴，人瑞蔚起，士风丕振，民俗淳庞，运綦隆矣。若不及时纪列，窃恐流光易迈，耳目渐湮，微言既远，大义云乖。"而"文教之捍御，胜于干橹"，编撰文献，则能以文化人，从而"奠武民于衽席之安"。他认为，武平不缺人文之精粹，却因未能及时梳理留存而湮灭散佚；在滋润世道人心、抚平粗粝野蛮方面，文明的力量可抵十万雄兵。在印刷技术落后、信息传播艰难的三百多年前，古人尚且能够痛切意识到振兴文化、传承文脉的巨大作用；今天有幸躬逢新时代，我们更应深入挖掘、系统梳理，去粗取精、去伪存真，藉以夯实文化自信，留住共同记忆，凝聚社会正气。

从这一意义上说，"梁野文库"的编撰出版，必将有力地促进武平文化建设，助推武平人民进一步崇文尚义、崇德尚善，为建设闽粤赣边宜居宜业宜旅的生态文明福地汇聚强大的内生动力。我相信，有我们的共同努力，武平的人文星空一定会熠熠生辉，武平的明天一定会更加美好！

是为序。

2017 年 12 月 12 日

总序二

谢曙光

武平，位于福建省龙岩市西南部，南与广东梅州相连，西与江西赣州接壤。界连三省，乡土文明悠久而深厚。追溯历史，武平有新石器的青铜文明，汉代的南海国遗存，自北宋淳化五年建县至今，历史悠久、文明繁盛。尽观风物，武平有山峰耸峙、众溪潺潺的梁野仙山，有闻名遐迩的中山古镇，定光古佛；有古朴优美的客家山歌、别具风格的民俗，风物闲美、独具特色。传统的政治文化、宗教文化、伦理文化、学术文化、语言文化，等等，对于武平地区及周边的经济活动和社会活动都产生了深刻的影响。

在闽粤赣边的崇山峻岭中，武平北连武夷山脉，南接南岭山脉，境内山多田少，在很长一段时间里，空间的局限、交通的闭塞使武平的经济文化发展相对滞后。2002 年，习近平总书记任福建省省长时，充分肯定武平林改，十八大以来，武平以生态立县，发展绿色经济，开始了独具特色的快速发展时期。今天的武平，不仅经济社会发展进入良性循环，而且逐步发展为宜居宜业宜旅的生态文明城市。2017 年 7 月，全国深化集体林权制度改革经验交流座谈会在武平召开，这是武平有史以来承办的最高规格的国家级会议，11 月，武平被评为"全国文明城市"，声名再次鹊起。作为武平人，对家乡的变化我由衷喜悦。

崇文重教，人文化洽，自是中华民族地方乡贤代代相传的优秀传统。进入改革开放的今天，更应该将前人留下的物质和精神文明传承下去。中共武平县委审时度势，做出了编辑一套丛书来展示"千年古邑　文化武平"独特风情和深厚底蕴的决定，丛书定名为"梁野文库"。在丛书筹备之初，我受邀参与文库的策划、审稿等工作。家乡领导对文化传承的那份热情和真诚，让我深受感动，欣然接受。2017岁末，"梁野文库"第一辑即将面世之际，我又应邀为丛书作序。作为武平人，深受故土恩泽，能够为家乡的文化传承和推广做一点自己的努力深感荣幸。可作为一个社会学学者，一个出版人，我却无从下笔，因为可写之处实在太多。

从社会学者的眼光来看，优秀的地方文丛是记录地方社会发展的一个载体，是在国家发展、社会进步的大背景下展示地方历史和现状的一幅画卷，从这个角度来说"梁野文库"的社会意义可述之处颇多。作为一个出版人，似乎在一般人看来地方文化论丛很难登上学术出版的大雅之堂，但我认为学术本身既不是阳春白雪也不是下里巴人，带有乡土气息的地方文化学术研究，才是文化真正得以传承之所在，才是出版者责任之所在。也正是基于这点考虑，社会科学文献出版社这个有强大的学术出版能力和资源整合能力，有强大的学术图书的内容传播力和社会影响力的出版平台，在第二次创业以来出版地方乡土文化研究、地方经济社会发展研究为主要内容的丛书为数甚多，从此角度讲，序言可述内容也很丰富。

总之，想写的话很多，但不能喧宾夺主，还是谈点期待为妥吧。经过一年多的努力，"梁野文库"第一辑即将出版面世，此辑涵盖了武平的名胜古迹、风物特产、民风习俗等内容，可以说为整套文库打开了很好的局面。我希望"梁野文库"成为一个开放式、开拓性的文献库，希望这套文库既可以大量挖掘历史文献、历史留存的资源并展现对其研究成果，也可以是对当下武平正在发生的人民经济社会文化生活各个方面的一个展示；希望这套文库无论是涉及的广度，还是深度，都成为武平历史文化的集大成者，希望它可读性、观赏性、史料性并存；希望武平籍的人文社科学子对家乡做多视角的研究，多题材地反映家乡发展，多方位表达时代进步；更希望外来的中外学者对武平开展研究，把其作为林改样本、生态文明发展样本、客家文化样本，使更多的人关注乡土文化、关注传统文化，更多地吸纳其中精华，观照当下生活，为社会的进步做出贡献。

最后恳请武平籍的政界、学界、商界贤达对这套文库的写作及出版给予更大的关注和支持。

感谢我的同事，也是本文库的责任编辑张倩郢女士所付出的辛勤劳动和智慧。

是为序。

2017 年 12 月 25 日

目录

古桥春秋

古亭回眸

**附录：交通
今貌**

序

王茂春

鲁迅先生曾经说过："世上本没有路，走的人多了，也就成了路。"原始的道路就是这样形成的。古语"桃李不言，下自成蹊"，字面意思也是说道路是人走出来的。这是道路的起源，是最为古老的交通，是人类生存发展的必要条件。后来，更多的路是人工开挖砌造而成的。随着人类的进步，社会的演进，经过漫长的岁月，逐渐形成了现代交通，包括陆上交通、水上交通、空中交通，将来可能还会有太空交通。

古道，就是古代行人和运输之通道，武平县境内主要是陆道，次为水道。伴随古道并与之相关连，便衍生出古桥、古亭、古渡、古埠，连同古道，即所谓交通"五古"。

武平县的交通"五古"，源远流长。全境古路纵横交错，泥巴路、石砌路比比皆是。石砌路面又有碎石的、条石的和鹅卵石的。这些道路中有村道、乡道、县道、州道，长短不一，宽窄不同。许多道路翻山越岭，逶迤蜿蜒，蔚为壮观。水路也不乏船只穿梭往来。古桥随处可见，但凡有溪流之地就有桥，或木板桥、石板桥、石拱桥，或廊桥，造型各异。古亭星罗棋布，五里十里就有一亭，供路人歇息乘凉避雨喝茶聊天。古渡依山傍水，凡有江河的村落必有渡口，渡船来来往往，成为道道风景。古埠别具魅力，它不仅是码头，通常码头边还是商埠，是商品集散地，商贾云集，一派热闹景象。千百年来，交通"五古"对武平县人民的生产生活和社会文明进步起着巨大的作用。

正因为如此，武平交通运输局遵循县委精神，组织人员将武平县交通"五古"的基本情况和诸多精华之点荟萃编成《悠远的古道——武平古代交通印记》一书，作为"梁野文库"丛书之一本。旨在让读者了解武平县古代交通概貌和历史，展示武平县劳动人民的勤劳和智慧，弘扬武平县古代交通文化和"古道精神"，激励人们尤其是交通工作者更加积极地投身于现代交通建设，为武平经济社会的持续发展多作贡献。

本书编写本着真实性、科学性和可读性相结合的原则。它既体现武平县古代交通的史实和风貌，又尽可能着力于图文并茂，使之略具文艺色彩，力求在视觉上臻于完美。

在成书过程中，作者和编辑人员认真查阅了许多有关历史资料，做了大量的翔实的调查研究和考证，因而内容可信度高，富于感染力。在此，衷心感谢他们所付出的辛劳和心血！

还需说明的是，由于年代久远，特别是现代交通的兴起，大多"五古"不复存在或今非古貌，而且可证史料不多，因此，书中所述难免有所缺失和疏漏，祈望读者见谅和指正。

2016 年 11 月 29 日

古路通衢

远去的古道

鲁迅先生有言："地上本没有路，走的人多了，也便成了路。"盖因远古之民，各安其处，老死不相往来，因此那时候是无所谓路的。之后，人们开始往来，如甲族乙族之间的婚配、贸易往来，且逐渐频繁，于是路由此形成。武平县古道，清代以前，仅见史载的是宋开庆元年（1259），全县设四铺：县下铺（县南）、鱼溪铺（县北15里）、帽村铺（县北50里）、瑞湖铺（县北70里）。但未载明"铺"为何意，是驿站还是代表里程，无考。

志书中记载的古道，现据清康熙年间的《武平县志》、民国年间丘复主修的《武平县志》、1993年由县方志委修的《武平县志》综述于后。

清代，武平县古道以10里（目测）为一铺，全县设十四铺：县前铺（东通长汀、东南通上杭）、三角铺（县南）、忠田铺（县南）、赖屋铺（县南）、黄柏铺（县东）、黄麋铺（县东）、大岭铺（县东）、袁畲铺（县东）、高崇铺（县东）、皂角铺（县东）、檀岭铺（县东）、大湾铺（县东南）、悦洋铺（县东南）、武安铺（县西南）。清制，每铺设道里亭，载明铺与铺之间的里程。

设塘十一处：三角铺塘、忠田铺塘、赖屋铺塘、黄柏铺塘、石径岭塘（县西）、碑头塘（县西北）、遥岽塘（县西北）、张坑塘（县西北）、罗溪坑塘（县东）、河口塘（县东北）、盘龙岗塘（县南）。这里的所谓塘，亦称塘汛，相当于现在的哨所，凡塘汛之所，建塘兵房数间，瞭望楼一座，烟墩（烽火台）三座，驻塘兵五名，平时警戒匪患、火患、虎患等，官府客商过境则鸣梆护送。

至今县内仍有多处地名带有铺、塘。

民国初年，废铺塘制。除官道外，民国及以前主要县际通道有四向十三道。

北通长汀二条道。一是县东北经黄麖铺、大岭铺、袁畲铺、高崇铺、檀岭铺入上杭千家村50里，再入长汀河田，抵长汀城80里。二是县北经当风岭、永平寨、帽村、板寮崇、大禾、湘湖、黄公隘抵长汀濯田，共110里，再往北90里入长汀城。

东通上杭四条道。一是经三角铺、忠田铺、赖屋铺、黄柏铺、高梧界牌头入上杭境，共55里，再行15里抵上杭城。二是县东经碑头、牛子岽、陈坑、黄铺入上杭寨背圩，共50里。三是县东经皂角铺、中堡、吉湖、隘门岭入上杭官庄，共90里。四是县东经大岭铺、袁畲铺、高崇铺、松岭腊石顶、悦洋铺至上杭千家村，共90里。

西北通江西三条道。一是县西北万安经乌泥坑、小密、马峰、昭信、乌鸦崇、过界碑亭入江西会昌之官丰，共80里。二是县西石径岭经东留、苏畲、遥岽崇、桂坑、背寨、分里、坝子里抵江西筠门岭，共110里。此道为民国以前武平对外通商要道。三是县西东留经象湖入江西寻邬罗塘圩，共80里。

西南通广东四条道。一是县西武所（今中山）经茶树凹、蕉头坝入广东平远的差干新圩共 60 里，再行 30 里抵平远城。二是县西南汾水经黄心畲、中赤、拱弄湖入广东蕉岭县境，共 70 里，再南行 55 里抵蕉岭城。三是县南岩前经将军地入广东境，再南行抵梅县松源堡，共 140 里。四是县南十方经岩前至蕉岭县城共 130 里。这条古道是武平对外经济文化联络的陆路大动脉。

古道的路线，是依古人的智慧，按日常习惯为取向的。如甲地至乙地，总是取最便捷的路线。其原则是尽可能接近最短距离，尽可能避开险峻之途，翻越山岭时选取凹缺口，等等。

古道的修筑资金来源有三，一是官府拨款（主要为官道），如沿途设铺、塘的路线；二是民间慈善人士捐资，至今仍依稀可辨古道旁或亭台内的捐资献工碑；三是民间摊派，一般以工役的形式向沿途村镇摊派，也有采取集资的形式。

古道的形状特征亦有三点：一是普通石砌道，二是石板道，三是泥土道。一般官道或主要通道石砌路面比较宽，有的能达到一米半左右，有的中间镶有大条石，为方便轿行和马行。一般通道则路面宽度都在一米或以内，乡间便道则一般为泥地面稍加整修。

古道通行的运输工具主要有三种。

一是肩挑。民国及之前，武平民间运输主要靠肩挑，一条扁担，一副络脚（套装货物的藤棕制品）装挑货物，徒步往返于县内各乡村及赣粤之间。千百年来，世代相沿。民间有"第一苦，挑担行长路"之谚。笔者曾亲历此苦；负重的挑夫，爬山时拾级向上挣命前行，大汗淋漓，气喘如牛，加上腹中空虚，其苦难以名状。武平地处粤闽赣交界地，也是韩江航道末端和长江航道末端的交汇处，两大航道的断头处，主要靠武平的挑夫连接，世世代代的武平人民，其苦难人生可想而知。

二是轿舆。民国时期及之前，武平的官绅豪富，外出多乘轿舆。

轿夫皆为劳苦百姓。轿有便轿、大轿、花轿之分。便轿由两名轿夫抬扛，内乘一人，轻快便捷，便道亦可行走。大轿有 4 人、8 人抬扛者，多为官绅所乘。花轿有 4 人抬扛，专为闺女出嫁时所乘。

三是畜力。民国时期及之前，武平古道上，也多有畜力运输，主要为马匹。有骑乘者，主要为官绅富豪及军旅中人，亦有驮运者。如民国 24 年（1935），县城李昌兴兄弟就曾购进驴马五匹，专事经营运输。

因古道两旁山高林密，非常适宜华南虎繁衍栖息，因此自古以来，发生在古道上的虎患不断，往来客商旅人或挑夫，被虎噬者不乏其人。为此，行旅大都结伴而行，沿途茶亭中也多有警示：此山有虎，行旅小心！据老人们说噬人之虎大都为老老虎，已没有能力追逐其他野兽了，只好在古道旁蹲守行旅中的落单之人果腹。

山地武平，古道上历来匪患猖獗。总有一些人十分向往大碗酒大块肉大秤分金银大斗分米谷、月黑杀人风高放火的绿林生涯。土匪们划分势力范围，大土匪占有官道或交通要道的关隘拦劫官绅商贩，往往斩获颇丰；小土匪则在非交通要道上设卡拦劫小民百姓、贩夫走卒、引车卖浆者流，斩获甚微。他们往往连过路行人的衣服鞋袜都尽行洗剥，被劫小民往往赤身裸体狼狈逃回家里。我一个前辈亲属是常年挑夫，即多次遭此劫难。据说小土匪们三五成群结伙拦劫，手中拿的经常是唬人的假短枪，弄一个木头制品涂上墨水包上红绸而已。但他们守在高处以逸待劳，过往行人本来就走累了，也不辨土匪手中家伙真伪，因此尽管同伴人数甚至多出土匪数，也少有反抗，乖乖就范。我的那位挑夫亲属就曾经为保护一身新衣裳"撒腿就跑"过，也不见小土匪开枪，事后他总结，可见土匪拿的家伙是假货。

武平某地，是个匪民不分的地区，农民们忙时种田，闲时外出"捞货"，把为匪当做副业。当然他们也拥有几杆真枪。我有一位前辈亲属，民国末年在武平中学就读，同座之人竟然腰里揣着一把短枪（他们视枪为家中主要财产，因此像戴贵重首饰一样随身带着），搞得我那位亲属整天战战兢兢无心学业。

官府当然也剿匪，也组织地方自保，如区乡民团等。但匪患众多，顾此失彼，且传递消息方式落后，官军或民团赶到时早成了"马后炮"。因此匪患依然，老百姓苦不堪言。

据说，那个民匪混淆的地区，"盗亦有道"，一是医生、教师、风水先生不抢；二是绑票只绑有钱人；三是以拦路行劫为主，很少打家劫舍。又据说，民国及以前，县长或税官前往那个地区，必须有上述三种人陪同才能成行，否则可能小命难保。

无论官道、要道、便道，周边老百姓和受益群体都自觉成立会社，募集资金对古道进行维护修整，特别是一年两次或数次的伐木割草之举，具有三重意义：一是可以当作防火路，防止山火蔓延；二是减少了虎患；三是行旅在阳光大道上行走更觉安全舒适。

值得一提的是，武平县于民国 20 年（1931）开始修筑公路，翻开了交通史新的一页。该年，国民党粤军第一师师长黄任寰，饬令杭武两县征发民工，筹捐路款修筑了两条公路，一为武岩路，由县城至岩前婆凹 85 里；一为武高路，由武岩路之十方车站分支，修筑了十方至高梧界牌头公路 17 里。民国 23 年 10 月通车，通车里程102 华里。此外，时任福建省保安十四团团长的钟绍葵及当时的县政府还规划并开工修筑了三条公路，即：武坝路（县城至下坝）、武会路（县城至会昌洋石隘）、龙高路（高梧至上杭回龙）。但均半途而废，有始无终。

有了公路，便有了汽车运输。民国时期，武平县曾成立两家民办汽车运输公司（民国 24 年、民国 37 年）和一家官办汽车运输公司（民国 27 年，省民政厅办）。

不禁联想起李叔同（弘一法师）的名诗《送别》："长亭外、古道边，芳草碧连天……"如今，长亭短亭业已废弃，连天的芳草中，古道隐约还在，令人顿生许多吊古伤今之情。因为，天涯海角还在，悲欢离合终难免。今人的送别虽已改在码头、车站、机场，但与古人的十里长亭相送的情怀是一样的。

（林善珂收集整理）

白鹄嵊古道

赵永监

　　白鹄嵊古道是闽粤赣边的主要通商道路。清初至民国期间，凡是下坝码头下船的货物要运往江西会昌，江西等内地的货物要运往沿海，都是靠挑夫肩挑，都要经过白鹄嵊古道，繁忙时每天有二百多名挑夫、商人经过。

白鹄嵊古道　赵庆荣　摄

　　从中山至东留18公里的古道（称白鹄嵊古道）全程都用石头铺设，上下坡也都用石块砌有阶石，路最窄处也有1米，大部分宽在1.5米以上。山顶建一茶亭叫观音亭，旁边还有客栈，可容三四十人吃住。但由于山高林密，周围人烟稀少，所以也是猛兽出没、土匪横行之处，也经常发生老虎伤人事件，东留小溪村的一刘姓村民就在路过白鹄嵊古道时被老虎咬死。土匪更是猖狂，经常大白天抢劫过路人员的财物。商人和挑夫都要十几个人结伴才敢经过。在1940

年至 1943 年间，被国民党县政府收编为武平县保安大队的绿林头目潘顺荣部，曾对白鹄崬古道实行过有偿保护，闽、赣商人向潘顺荣缴纳一定费用，潘部即负责保护过往商人、挑夫的人身和财产安全。在此古道行劫的土匪，若被潘部抓到，格杀勿论，1941 年下东村土匪李某在白鹄崬山顶抢劫商人，被潘顺荣保安大队抓住后，第二天就被押到行劫现场当众枪毙。这一举动，使有段时间白鹄崬古道相对安宁。

　　解放后，随着现代交通的发展，白鹄崬古道渐渐失去了通商的功能。现在只有附近的村民耕作时在此经过。

白鹄崬古道　赵庆荣 摄

茶马古道——骑马崇

兰礼永

骑马崇是武北帽村至大禾乡源头村的古道。这里森林茂密，古木参天，是一片原始森林，沿着山顶就是一条古道，叫作骑马崇。骑马崇是一条宽阔的大道，是当时国民党少将钟绍葵主持开辟的，路面宽 4 米，全长 5 公里。从永平镇的钩坑村板寮自然村至大禾乡源头村的梧桐凹，在梧桐凹上建了一个茶亭叫"悟同亭"（今已倒塌），是来往人流休息、喝茶解渴的场所。本路经源头、湘村、大禾、贤坑、帽布与江西省会昌县的永隆乡接壤。

在新中国成立前这条道是福建通往江西的主要通道，沿路经二省（福建、江西）二县（武平、会昌）三乡（镇）（永平、大禾、永隆）九个村（帽村、钩坑、源头、湘村、大禾、大沛、贤坑、帽布、小礤），是闽赣边陲群众生活出入、经商往来的主要通道。

尧禄古道　林传乔 摄

上杭上罗至武平老茶亭古道概况

刘汉敏

时至今日，我国交通事业的发展令人瞩目。畴昔，百姓步行、肩挑，骑马、坐轿，均往来于不足一米宽之道途的交通史实与景观，将很快为人们所忘却。为提示后人，特将杭西边陲湖洋上罗至岩前老茶亭的一段古道忆述如下。

20世纪40年代之前，上杭城区及许多乡村的人，往来于武平岩前、广东蕉岭、梅县等城乡，这段古道是必经之路。此路盘桓于武平龙障山石牙峰下。旅客从上杭城区出发，途经古楼、濑溪，过了濑溪南端的青潭桥，开始踏阶而上，步步登高十里许，到达上罗村境内当风凹，则开始沿着崇山峻岭的密林深处横行，至武平龙障山坡的龙障亭，沿陡坡直下岩前老茶亭。

昔日，往来于此地的农工商贾、官吏军兵，徒步、肩挑、骑马、坐轿者无所不有，日达上百成千之众。那时，上杭特产萝卜干、梨子、板栗、杨桃、荸荠等源源不断地贩往蕉岭、梅县等地，并远销潮汕和东南亚；潮汕的食盐、鱿鱼、比目鱼等多种海产品则贩往武平、上杭，因此，个体小商贩和批发商的挑夫在这段边陲古道上络绎不绝。在长达一个多世纪的时间里，潮州、汕头客商在老茶亭置圩开行设点，收购上杭、武平所产土纸，每逢三、六、九圩天，湖洋乡的濑溪、上罗、龙山、五坊、新山等村的纸农，挑纸到老茶亭出售的日达三四百担。此时古道更加热闹非凡，一批批人群在狭窄的乱石砌就的路上擦肩而过，前者呼后者应，叽叽喳喳，谈笑风生，时而山歌声起，男唱女和，呈现一派热闹景象。

从杭城至岩前城约八十里，上罗村居两地中点，往来者到此正是就餐时刻，这自然给这一地段带来了商机，这里曾有过小食、副食、豆腐坊、医药铺、客栈等店，兴旺了近百年。"刘隆盛"牌号的客栈兼小食的一座二层楼店铺，20 世纪 70 年代仍保存完好。从当风凹至龙障亭，沿途渺无人烟，间有一处自古及今均称"店坪里"的地点，也因店得名，这里的小食、茶点、客栈也曾兴旺多时，后由于兵荒马乱，盗匪猖狂，几度兴衰。

　　抗日战争期间，社会治安极为混乱，劫匪猖獗，从当风凹到龙障亭，盗贼剪径频繁，湖洋乡纸农到老茶亭卖纸，归途常遭劫难，不但抢钱劫物剥衣服，甚至捕妇奸宿，搞得人心惶恐不安，有"卖纸所得到了家才是钱"之说。为防匪害，上罗、龙山、濑溪三保（即现在的行政村）曾与武平的一些保甲联合组织过护路队，收集民间长短枪（那时允许私人购枪），圩天进行护路。按每人的纸片数收取一定的护路费，给护路人员做报酬，护路队起到预期的效果，给了纸农一颗定心丸。

　　由于这段古道过往客商甚多，山高路陡，行走危艰，行人歇息次数必然增多，由于客家人乐善好施，赐亭筑路修桥之风甚盛，以之积德积福，祈求荫佑子孙。因而间距密集的路亭也应运而建，有三里一亭之美称，以满足行人歇息和避雨遮阳之需。亭里有专卖茶水的小商，兼售花生、糖果、糕饼等茶点，供行人解渴品茗充饥，添助茶趣。其中有两亭颇有名气，一是"龙嶂亭"，地处武平龙嶂山坡，面积较大，居高临下，息足斯亭，骋目舒怀，百水千山，点点村落，尽收眼底，令人心旷神怡。内有亭联两副：

　　　龙起云生高山仰止，嶂回路转有亭翼然。
　　　龙团茶味当风赏，嶂结亭荫过客休。

此两联均为湖洋村庠生谢命侯所撰。

　　另一座"八一亭"也在武平域内，建于 1955 年。那时上杭公路仅开辟民国时期的杭梅、杭岩、杭武三线，交通运输仍欠发达，此古道仍然行人众多。是年，上罗村林丙子（女）81岁，其人历来乐善好施，孙子汤维高（曾任上杭人民政府司法局局长）是国家干部，那时县委、县政府正在开展"三勤""三爱"运动，经与全家商议，决定将寿庆资金用作建筑路亭。此亭坐落在店坪里（时年沿途各亭均毁），占地近30平方米，内外墙壁均用石灰粉刷。那时筑此亭的砖、瓦、石灰等材料都得从几十里外翻山越岭肩挑手提，对他这个经济并不充裕的家庭并非易事，亭内后壁书有"八一亭"三个刚劲有力的大字。在茶亭的前砖柱和中堂上有楹联两对：

八秩耳顺年母子同心修晚福，一亭风景好宾朋息足畅胸怀。
八达道旁营陋筑，一时休息便行人。

宋苏东坡在《喜雨亭记》这一杰作中，有"亭以雨名，志喜也"之佳句，那么此亭则可谓"亭以寿名，志喜也"。

这段兴旺了多年的古道，已成为历史，现路上草木丛生，亭店俱废，只留下斑斑痕迹，昔时景观，荡然无存。为世人知今谙古，故作俚言以记之。

尧禄古道　林传乔 摄

明、清时期武平著名的"隘"和"寨"

张成桂

据《辞海》注释："隘"字的本义为"险要"的地方,与"险""关""窄"同义,从文中的地名位置得知,隘,为险阻狭窄的道路;"寨"指防守用的栅栏,旧时指四周有栅栏或围墙的村子,旧时驻兵的地方。随着冷兵器战争年代的结束,现代化科技战争的运用和现代交通的便捷,这些地名已失去它原来的含义和军事价值,仅为历史存留下来的地方名称而已。

明末运退,邦衰混乱,黎民揭竿起义。崇祯元年戊辰(1628)破武所新城,甚惨。汀州府檄文县府,重新修葺频道险要和善守易卫总岔路口,建筑关隘瞭所十五座,屯兵望守寨五处,并在武所新城西北建设练兵大教场。令徐文澜理监董事(现中山新城小学所在地,遗址尚存)。每隘、寨建望视高台、烽火台,各设兵五名严慎防守,如有骚动,以一尺高、寸半口径地铳响一声为预备情报、二声为准备、三声紧急速援或从烽火台燃柴草浓烟联络各隘、寨。

十六隘:

水口山下隘:象洞通中山来苏的要道。

金鸡隘:十方高梧通上杭要道。

檀岭隘:中山蓝屋通车马场要道。

湖界隘:昭信村通会昌要道。

处明隘:地处十方处明村。

砬头隘:地处帽村硿头岽。

钵盂隘:岩前峰贵通山子背要道。

大岭隘:中山通汀州要道。

黄田隘：江西羊角水通背寨要道。

和平隘：中山西三十里，通江西长宁要道。

蟠龙隘：中山西南三十里，通广东蕉头坝、车干、程乡要道。

悦洋隘：中堡悦洋村，古时通汀州要道。

水东隘：岩前峰贵通中赤、下坝要道。

麻姑隘：中山东五里，通县城要道。

悬绳隘：中山通下坝悬绳、镇平（今蕉岭）要道。

牛牯崠隘：中山背五十里，通江西寻邬要道。

四寨：

三榴溪寨：位于汀、赣、潮三州边界，宋时设有巡检司，军卒戍守。

象洞寨：县南八十里，宋时设有巡检司，后迁灵岩驻守。

永平寨：县北四十里，北宋时设帽礤巡检司，后移东留背寨。今仅存遗迹。

布心寨：在十方黎畲乡，势平坦可容万人，明时设屯兵所。

东留深山中的闽赣古道

李志祥

　　东留地处闽、赣二省交界处，东留古道北上通往江西洞头、武北，横接万安、江西会昌门岭、寻乌罗塘，下至中山、下坝、广东，可谓"一线牵三省"，是历来三省"盐上米下"的经济交换之路，千余年来，古道为周边地区带来了繁荣，造就了大批客家巨贾，也见证了客家悠久的历史文化，根据古代县志记载和民间传说，本文就东留的几条古道作一些忆述。

最古老的古道

　　黄坊至江西牛尾夹古道，那就是东留最古老的古道。这条古道已经被大多数人遗忘，它曾经是武平至江西门岭最近最平的古道，它经过黄坊、封侯、苏湖火烧窝、黄金寨、桂坑和背寨进入江西长

岭牛尾夹。在这里，古道上留下无数凹凸不平的脚印；曾经走过无数来来往往的商旅、挑夫、兵民、僧侣和山民。据民间的古老传说，这里曾经发生过南海国王邹织和当地土著之间的激战，有不少骁勇善战的士兵，在此中箭落马，长眠于古道边。

最凄惨的古道

中山至东留永福的白鹤岽这条古道，是东留"过下坝"的必经之路。以前，如蚂蚁牵线的挑工队在古道上一步一个脚印，重重的盐米担压迫出他们的血泪……几百年来，往来于闽、粤、赣三省的客家汉子便是用如此艰难的方式维持生计，踏着凹凸古道，沿着茫茫大山，走出了一条客家"盐米之路"，古道虽只有数尺宽，但它们见证了历史，记录了这条古道上的点点滴滴，悲欢离合，心酸凄苦……这里也曾涌流过抗日战争时期，从广东潮汕地区逃荒、逃难的人们，他们扶老携幼，拖儿带女，前往山区内地，以求渡过战争灾难。

古道说是路，其实不然，凋落的秋叶中依稀可望见远处两旁的古树、古墓、古茶亭。面对这一切，感觉仿佛走进了一卷残垣的历史画面。白鹤岽人迹罕见的地方，是层林尽染的山谷，从这条古道满眼望去，一片苍凉颓然之色。站在这一尺多宽的古道上，便可看见那被历史磨砺的石块中间，凹陷成一道道深沟——是无数岁月压出来的脚痕。深深的脚印绵延向前，通过半截残破倾圮的古茶亭，触发了多少人思古之幽情。

最美的古道

险峻可扪，像架云梯，是武平通往江西"三省通衢闽粤赣"的必由之路，一条盘旋而上的千余级石阶蜿蜒山中的石砌路，那就是著名的石径岭古道。这是一条沟通闽赣的最美古道，也许是因为藏身美景之中，并没有受到什么破坏。石砌路依旧牢固，隘口处有一登云亭。古亭安静地立在道路边，时至今日还可为过往的行人提供休息的便利。亭前高涧潺潺流，行人无不喝个痛快。亭中有一副对联"石径有尘风自扫，云梯无跻月恒升"。但是道路的尽头却杂草丛生，让人担心随着时间的推移，古道路还能迎来多少远方的来客。

石径岭古道，雾从树梢间丝丝缕缕的飘逸，在山腰间汇聚成云团，无声地滚动于山岩之上，远远望去，好一幅神来的天然水墨画，隽永秀丽。在秋天，遍野彩林，在云层中时隐时现，丹青彩笔难以描摹出这大气磅礴的雄浑场景。在云的深处，一条石砌道蜿蜒而去，两边奇峰屹立，苍茫翠绿。千百年来，南来北往的人，踩出了攀沿而上的台阶，石阶就像一条金色的项链系在石径岭上。

在溪水远去时，仿佛还能听到清脆的脚步声，在旷野间、丛林里响动。这是岁月留给后人的历史痕迹。在这里留下了一代伟人朱德、陈毅及北撤中的南昌起义军的脚印和传奇般的色彩。长长的纤绳，在一双双贫穷的双手编织出的草鞋上，嚓嚓的回响，写满了人们对胜利、自由与民主的向往。尽管血痕已被风吹雨打褪尽，阵阵硝烟随风飘逝，古道上却留下了许多英烈的故事和足迹。

东留古道似乎为这块神奇土地更增添了几分感悟。因为，这广袤的世界让凡俗的人们重新找到了自己的灵魂居所，让我们着实感受到其中所蕴藏着的浓重的历史痕迹与文化。

石砌路通到汀州府

何安庆

古人云"造桥铺路，阴功积德"，在武平县桃溪镇湘坑村有两块路碑。这两块路碑分处村子的东、西，而且，根据这两块路碑记载人的名字，房族的痕迹十分明显。今分述如下。

湘坑村坐落在桃溪镇东北角，距离镇所在地十五华里。在一个偏僻山村出现两块路碑实属罕见。东边那块因为是"红须石"路碑，风化得厉害，记载为"大清乾隆十三年"，由何承宗、何士太、何士昌等47人出钱铺石砌路。清乾隆登基为1736年，加上12年，为1748年，迄今269年。东方向是通到汀州府，今为长汀县，东边路碑为湘坑村何氏开基祖，第三代"何旻琚公"裔孙所为。

笔者1964年考入福建省长汀师范学校。步行到长汀师范学校，由我二哥何发平挑着生活必需品的担子，从石砌路下出村开始踏上石砌路，经过湘店乡尧山村、湘洋村均有石砌路。石砌路好处在于不论刮风下雨，天晴路干，行人走在石砌路上，不会弄脏衣服。我当时就想，古时没有水泥，要把石头固定在路面上，确实难为了古人。进入长汀县濯田镇经过白水礤下、石夹里、屙屎岽、三田村、竹头子下、礤头，一直通过林田湾、宝珠峰、朝斗岩、梅林，都有石砌路。特别是经过屙屎岽要上数百级石台阶，下山又是数百级石台阶。所以，取名"屙屎岽"。我当时就想，那么高的山头，石头从哪里来？人力所为也。古人为铺石砌路付出的艰辛可想而知。

从长汀县濯田镇到长汀县城有"避雨亭""林田湾茶亭"。1962年毕业于长汀师范学校的何安宝老师至今仍记得林田湾茶亭的对联"随亭湾上岖崎小道通林地；沿河直下坦荡平地是策田"。林地、策田是村落地名。

湘坑村西边路碑是通向大禾乡，乃至江西省会昌县永隆乡。路碑记载为"道光戊戌岁仲夏月吉日立"。清朝道光登基为1821年，迄今196年。由何以亮、何兴隆、何宏盛等46人出钱，铺设石砌路。是湘坑村何氏开基祖，第三代"何旻琚公"裔孙所为。西边洋坑通向大禾乡要经过拱桥岩子、大狗塘、招雁塘，开始沿着小溪走，一路平坦，到了招雁塘要上坡，石砌路沿坡而上，有上百级石台阶。

1967年11月，笔者与同村的何庚富（他是长汀师范六八届学生）相邀到长汀师范，那时，正值"文化大革命"动荡年代，到了长汀师范学校，空空如也，不见一个师生。二人一合计从江西省会昌县回湘坑村。在路上我问江西老表，去永隆乡路怎么走？老表说，沿石砌路走。到了会昌县永隆公社，又问江西老表，到大禾乡的路怎么走？老表说，沿石砌路走。到了大禾公乡境内，全是石砌路，是官道还是民道不可考证，但通到江西省会昌县的可肯定说是省际石砌路，而通到汀州府，今为长汀县的石砌路可肯定说，是官道。

古道　赵庆荣　摄

悠远的石砌路

张自贤

我的家乡，坐落在崇山峻岭之中。有一道固定的景观，长久地在山岭之间隐约地显现，始终不变其隽永的韵味。它如一条逶迤的长蛇，蠕动在山涧溪畔，缠绕在田园阡陌，蜿蜒在山箐林壑，舞动在青山绿水之间。她总是在朝雾缭绕、斜阳夕照之中，若隐若现，曲折回环，显得那样灵动而且逍遥，蕴含着梦幻一般的色彩。这景观，就只是一条条用普通的石头砌成的路，当地人称它为石砌路，往昔是大山里的人们连结外部世界不可或缺的通道。

我们客家人居住的村庄，因为处于山区丘陵地带，重峦叠嶂，山环水绕，林深苔滑，泥泞漫潠，所以人们在山岭间通行的道路，大多是用粗粝的山石或者鹅卵石砌成的石头路。村与村、巷与巷、屋与屋之间，都依靠这种石砌的道路连接着。即使到山田里耕田的道路，许多也是这种斑驳凌乱的石砌路。这些石砌路顺着山川的地形地貌、自然走势修筑而成，弯弯曲曲，绕来绕去，随着地表形态高低起伏，在山岭间随意地迂回延伸。整条道路显得湫隘逼仄，路面总是坎坷不平。只有在村子中间的人口集中地段，或者通往商埠要津的主干道路，才会铺设得稍微宽敞平整一些，显得比较舒展和通达。

为什么广大的客家地区，以往到处看到的都是这种石砌路呢？稍微考究一下，其中隐藏着十分简单的道理，有其特殊的自然地理原因。

首先是区位气候因素。因为我们客家人居住的区域，地处北回归线附近，属于亚热带季风气候。这里常年高温潮湿，雨量充沛，每一年的平均降水量，都在两千毫米左右，有的年份甚至还会超出很多，导致山洪频发，泉水漫溢，道路容易崩塌，变得淤烂泥泞，常常难以落脚。山野间大多又是深厚的红壤土层，这些黄泥道路一到下雨天，变得特别潮湿溜滑，一不小心就会摔跤。尤其是挑着担子走路的人，经常会摔个四仰八叉，搞得狼狈不堪，甚至人财两亏。如果用石头铺设道路，容易排除路上的积水，保持道路整洁干爽，路面不会潮湿溜滑，能够方便人们出行。

其次是地理环境因素。南方的丘陵地区，适宜各种野生植物生长，尤其是芭芒之类生命力超强的植物，生长繁衍的速度特别快，一天就可以长出一大截，两三天工夫，这杂草已经挤到道路中间了，容易拥塞道路，增加道路维护的难度。而用石头覆盖路面后，可以抑制这些植物的生长，阻止其根系向路面渗透，减少许多劈除杂草的工夫，保证道路的正常通行。我们家乡的石砌路，是历代的老祖宗们在南方丘陵山区长期生活过程中，在经历过许多挫折和教训之后，通过与恶劣的自然环境打交道，从而认知当地的地理环境特点，经过长时间不间断的尝试和探索，从解决自身发展的现实问题出发，总结出来的搞好道路交通问题的重要经验。从这个意义上说，普通的石砌路，有其漫长的历史演变过程，具有浓厚的地方特色和深刻的人文色彩。

我们家乡用石头砌成的道路，每一段都记载着客家先民遥远的奋斗历史，都在默默地讲述着人世间不老的沧桑故事。它经历了太多的艰辛，承载了太多的苦难，阅览了太多的悲欢离合，见证了太多的荣辱兴衰。它们的形态虽然粗糙和朴拙，甚至有些丑陋，但它们以自己外部的从容和淡定，以及内心蕴含的坚忍和担当，揭示了客家人奋斗精神的内涵。其中不乏耐人寻味的历史故事。老人们会对你说，上代人都乐意做修桥砌路的善事。他们一旦发了财、升了官，或者遇到喜得贵子等好事，甚至想祈求延年益寿或者消灾治病，都会倾其所能，省吃俭用，拿出自己的积蓄，捐出钱来，修一座桥，铺一段路，做一做功德善事，许多石砌路就是老一辈人当中做功德的人修的。我们听了虽然有些懵懂，感到有些深奥和不解，但还是打心眼儿里十分崇敬这些善良的老祖宗，敬重这些客家先民中的贤能良善之人。

　　我老家的石砌路，也有不少动人的传说，有许多可歌可泣的故事。他们感人的事迹，经过代代相传，对后世产生了很大的影响，成为后人们学习的榜样，被后辈们竞相效法，是名副其实的传统道德的引领者。也许你难以相信，我们去岩前墟上30多里的石砌路，其中一段十多里的路面，竟然是一个叫李阿嬷的寡妇捐赠修建的。据说，在清代光绪年间，前山村有位王姓人家的英俊后生，聪颖过人，颇晓经营之道，从事经营木材生意，并且娶回了一个漂亮贤能的妻子。其妻李氏善于持家，帮助打点丈夫的生意。因此他们的生意做得风生水起，几年间赚了很多钱。可惜王老板英年早逝，留下李氏与儿子相依为命，李氏决意守寡，悉心教育儿子。虽然家道殷实，但决不溺爱。因其教子有方，儿子长大成家后，能够自食其力。李阿嬷义无反顾，投身公益，慷慨解囊，将家产积蓄尽数捐出，用于修建这条石砌路。李阿嬷的善行懿举，在周边地区引起了长时间的轰动，被人们广为颂扬，影响了好几代人。

　　而另一处去到十方墟场，翻过鸳鸯岌的石砌路，是一个被叫作"三叔公"的卖货郎捐资修建的。据说这个卖货郎，长年累月，风雨无阻，出门贩卖杂货，赚取蝇头小利。此人平常不抽烟不喝酒，从来不乱花一分钱，做生意斤斤计较，在钱财问题上显得十分吝啬，对待子女甚至到了苛刻的程度，大家都非常纳闷，感到其行为不可理喻。因为其表现得生性悭吝，不通人情，甚至于背后有人称他"三斤狗"，以表示对他的轻蔑。然而，让人意想不到的是，突然有一天，他宣布捐出一生全部的积蓄三百多块光洋，将本村到十方墟场二十多里地的山路，全部铺成石砌路。他的这个超常举动，人们大吃一惊之余，才恍然大悟，知道他平常的行为究竟是为了什么！人们对他的执着和追求，表示由衷的钦佩和感激。而且，从此以后，这位老人依然故我，从未改变他的生活方式，不顾年老体衰，继续出门贩卖杂货，省吃俭用，从不浪费一分钱，将赚来的钱悉数用于铺路的投入，直到生命的终结。

　　貌似简陋的石砌路不单是方便了人们来往，也方便了货物流通。多少客家人，通过这些幽静深邃的石砌路，在高山密林里穿行，走出茫茫的大山，走出偏僻乡境，外出求学和谋生，获取功名，赚钱发家。甚至有许多人心怀高远，走出穷乡僻壤，远渡重洋，去到异地他乡，立志扎根创业。这些人在外经过长久的奋斗，功成名就荣归故里时，走在家乡的石砌路上，心里肯定会滋生起感念的意味，被上祖先贤的乐善好施、义薄云天感动得热泪盈眶。

走在垒砌着历史沧桑的石砌路上，在我们的心灵深处，必然会油然生出波澜激荡的思绪。对于客家的历史、客家的先民、客家的乡亲，客家民系丰富的文化积淀，以及其植根于大众人心的广博深厚的人文精神，从内心升腾起无限尊崇和感激的情怀。我们在对祖祖辈辈的客家先人深表崇敬、为自己作为客家后人感到自豪的同时，也为如何传承上辈人坚忍执着和开拓进取的精神，发扬乐善好施、慷慨解囊、热心公益的传统美德，更好地弘扬客家文化的精神内核和现实价值，感到一份沉甸甸的责任。

当然，山区农村幽深阴凉的石砌路，现在许多已经被宽敞的水泥路所取代。由于农村公路交通的迅猛发展，原来山野之间大众通行的石砌路所承担的交通功能日渐降低，许多比较偏僻的道路正逐步荒废，或者已经变得残缺不全，无法履行原来的使命。它们被漫山遍野的芭芒遮掩，悄然地改变了它原来的模样，隐匿了它的踪影，甚至不复存在，已经成为人们遥远的记忆。

说说家乡的石砌路

林富兴

我的家乡在梁野山下一个偏僻的小山村——谷夫村，属梁野山国家级自然保护区核心区，那里四面环山，森林资源和生物资源十分丰富，至今还是未开垦的处女地。在未修公路前，人们出行的主要陆上交通是石砌路。

全村主要的出村通道都是石砌路，村子的石砌路呈十字形分布，有东、南、西、北方向四条主要道路，南往梁野山，北连孔厦与武北的各种古道相接，西往梁山、县城，东往中堡与武东。只要沿着家乡的石砌路出去，就可以走到世界任何一个地方。

石砌路基本是依山势而建，路面宽2尺左右，石阶高度六七寸。听老人们讲，我们小山村的石砌路大抵算是现在的村道，官府无法拨银修建，石砌路的建设主要靠民间力量：一种是大户人家捐建，村中有钱的大户人家为显示自己，又为方便民众出行便出资兴建；一种是村中望族中较有名望的长者牵头捐建，全村按人丁摊派一部分，不足部分村民自愿捐助；还有一种是田主为了耕种方便，经年累月慢慢修建而成。一条石砌路上通常有一二座茶亭，那是供路人歇脚的地方。或者走过一段，路边就有一株大树，树下也是供路人歇凉的。通常这些树头下都安奉着"土地伯公神"，当地风俗"伯公树"是没有人敢砍伐的，我想安奉"土地伯公神"也许是为了防止别人砍伐路树的缘故，展示了古人护路的大智慧。

每年秋收结束以后的农闲时节，村中热心公益的长者便会召集家家户户，要求每家每户出劳力，把出村的各条石砌路上的杂草割干净，以便来年出入方便，俗称割路。出工人员中午的伙食一般是村民轮流提供，煮上一饭甑的饭和几个菜，挑到割路的地点，做工的人坐的坐、站的站，直到填饱肚子为止。路长的往往要两三天才能割完，碰上损坏的路面，也会顺带一并修好，这应该就是现代养路的雏形。

这里要特别一提通往梁野山的路。它除了通行外，还增加了军事防御功能，其沿路的多个重要隘口或道路的转角处，砌有 1 米多高的石墙，据当地老人说清朝末年太平军残部（民间所谓的"长毛"）进入武平时，曾经在梁野山腹地安营扎寨，这些哨所和防御工事也是太平军所建。20 世纪 80 年代初，笔者还随同村人来到梁野山下的丛林深处，发现了一个铸造兵器的场所，生活和制造兵器的部分设施仍清晰可见，此处曾经有过驻兵的说法应该可信。

现在村子中的石砌路除了通往孔厦的那段因修公路毁损一段外，其余几条都保存相对完好，不过已多年无人打理，路上早已长满了杂草，人是很难通过的了。只有去梁野山的石砌路，是朝圣之路，每年善男信女会自觉维护，目前通过并无大碍。

古道　赵庆荣　摄

随着岁月的流逝，石砌路将慢慢变成记忆，若干年以后，便很少有人提起它了。

藤崈岭上的古道

王麟瑞

藤崈岭坐落在武平县武东镇五坊村。由五坊村通往上杭汀江河岸石下渡口的古道，就要经过这座大山。古时，中堡和武东中正区域的稻谷、大米、土纸、竹木等农副产品，均通过这条古道，肩挑至石下渡口，尔后装上木船，运至上杭、峰市、潮州、汕头等地。这条古道是石砌的大道，全长约20里。在这条古道上还建有三座茶亭，供行人小憩。

中华人民共和国成立初期，武东丰田片各户的公粮均挑到丰田村联坊课的仓库里。尔后，由政府请群众挑至石下渡口，发给"脚钱"（运费）。1954年，我13岁，参加了一次挑公粮，从丰田联坊课出谷40斤，挑至石下渡口，尝试了一次世间第一苦"挑担行长路"。

那天，参加挑公粮的有几十人。开始，大家快步如飞，走了五里路后就慢下来了。又走了几里路，便来到五坊藤崈岭脚下的冷水坑。这里建有一座茶亭——"济众亭"，砖木结构，系清代中正区廖日昇、廖藜照募建。亭外有股山泉，行人站在山泉口边，即可喝到清凉的甘泉。大家在亭内小憩，有说有笑。一位长者讲了一个老虎吃人的故事。古时，藤崈岭山高林密，山中野猪、山麂、老虎等野兽经常出没。清朝末年的某日下午，一位行人路过藤崈岭时，一只埋伏在路旁灌木丛中的老虎猛冲出来，用前爪将人抓牢，然后朝颈部猛咬一口，此人就一命呜呼了。岭下村子里的人闻讯后，带了鸟铳、铜锣，赶往山上救人。当找到这位行人时，地上一大摊血，他的身体被老虎吃掉了一半……大家听了，都毛骨悚然。

小憩后，大家挑起担子准备上山。从岭下到岭顶，大约有 10 里，道路像梯子一样，十分崎岖。大家挑着沉重的担子拾级而上，累得气喘吁吁，汗流浃背，感到担子越来越重，寸步难行。忽然，有位大哥打了一个"噢嗬"，唱起了山歌："世上挑担苦难当，咁企岭子唔得上；屋下有老又有细，一日唔挑饿断肠。"接着一位大嫂也唱了一首："岭子咁企唔抹怕，有岭上哩有岭下；有情阿哥等一驳，老妹同你做双鞋。"众人一听山歌，顿时心花怒放，感到担子轻了很多，腿也不那么酸了，于是打起精神，鼓足力气，继续拾级而上，不久便到了岽顶。站在岽顶上向前方瞭望，便是上杭县的一片田地和村庄。汀江犹如一条长长的白带，滔滔的河水自北而南地从山脚下流过。岽顶上也建有一座茶亭——"大岭岽亭"。此亭由八根石柱做支柱，屋顶由木杠枕、桷桷、瓦片建成。亭两边还建有庵庙，供奉有菩萨。众人在亭内歇息时，一位长者介绍了这座大岭岽亭和前面的葛藤亭的来历。他说：700 多年前，本县抚民令王均德离任后，在丰田桑梓坑开居，其第六代裔孙王伯钦，住在左田下屋，这两座茶亭都是他建的。

歇息后，大家又挑起担子赶路。从岽顶到石下渡口还有约 10 里。经过小憩，又逢下岭，步子自然快了一点。走到半山腰，便到了"葛藤亭"。此亭系砖木结构，亭边还建有小屋。大家在亭内喝茶、抽烟，这位长者继续介绍：王伯钦为人善良，克勤克俭，惟读惟耕，处世贤良。置良田百亩，每年可收稻谷 60 余石。伯钦公想，为使后裔昌盛，今须施功德。因此，在藤岽岭上建了两座茶亭，亭前亭后石砌路面 400 余丈。还花白银二百两，购买茶亭左右界内土地、松杉杂木，归一族管业使用。亭界址为：亭前路边食水井起至亭后近石下养鱼潭为界，路上下各 5 丈。建亭后，还在五坊窄子山买粮田数亩，用于施茶缸一切开支，还雇人每日煎茶，供过往行人饮用。同时，每年八月十五日聚集本公后裔到此修路，清除路边杂草，以便行人畅通、安全。王伯钦真是功德无量啊！话刚落音，一位大嫂唱起了一首山歌："担竿挑担拉拉横，阿哥武平妹上杭；总爱两人情意好，葛藤亭里好聊凉。"一位大哥也唱了一首："葛藤亭里陪妹坐，亭子下面汀江河；老妹肯同阿哥聊，一同搭船下潮州。"众人听了哈哈大笑，疲劳顿时飞到九霄云外去了。于是又挑起担子，迈开轻盈的步子，很快就到了石下渡口。

我是王均德公二十代裔孙，长大后，访问了许多老人，并查阅了有关史书和族谱。中华民国30年编纂的《武平县志》卷十一《交通志》第十部分"路亭"中记载："济众亭：中正区廖日昇、廖藜照募建"；"大岭崇亭、葛藤岭亭：俱乾隆中，左田王伯钦建，并施茶日（茶日——疑系"茶水"之误）。"又据《武平县志》卷二十六《乡行传》中也记载了廖日昇、廖藜照、王伯钦的姓名。特别是王伯钦建造葛藤亭的情况，在本县《王氏族谱》中有详细记载。因此，笔者认为，藤崇岭上古道和古亭的情况与史书、族谱中的记载基本吻合，可以信之。

五坊古道　谢福英　摄

"世上苦，挑担行长路"

——武平古代交通运输工具，原始生产力存照

刘永泰

武平民谚云："世上第一苦，开（挑）担行长路"，"世上第二苦，砻谷磨豆腐"，"世上第三苦，大肚姑娘上芋土"……

世上千般苦，本文单表第一苦。一曲挑担吟，满把辛酸泪。

昔时武平陆路交通闭塞，水路交通则是便捷顺畅。曾有三条黄金水道：武西之桂坑、背寨、龙溪、中坊、泥洋之水，经澄江、筠（门）岭、周田汇赣江，入长江；武北四乡之水，经店下，汇汀江入海；城区武南之水，经中赤河、中山河、差干河，汇西子口直冲梅江，越潮州、汕头，奔向南海。赣江水系、汀江水系、下坝河（韩江）水系构成了闽西、赣南、粤东的主要航运线路，其中下坝河成为闽粤赣边交通的大动脉。北宋以后，逐渐开通了下坝至潮汕的水路运输，促进了闽西赣南的商贸。明宣德年间，蕉岭与下坝之间已有船只往来，不过，尚未吞吐辐射闽西赣南各县。"潮盐"、布匹、铁钉、洋油及其他轻工商品洋货粤货逆江而来，闽西赣南的木材、毛竹、土纸、大米、黄豆、烟丝、茶叶、食油等土特产顺流而下。水运交通源源不断，络绎不绝。长年累月堆积成山的船运粤货洋货在下坝古码头上岸，亟须交驳转运至闽西赣南腹地去四散销售，满足民生。可陆路交通闭塞，根本没有马驮车运。因此，勤劳勇敢的闽西赣南热血男儿硬是用肩挑脚力来完成这一使命；另外，闽西赣南土地肥沃，风调雨顺的年景，盛产稻米、茶油、黄豆、土纸等土特产品，也全靠人们肩挑脚力，挑往各墟场销售变现，余剂调缺，更多的富余土特产要肩挑脚运到下坝这一货物的集散地、中转站去

装船水运。因此，勤劳勇敢，吃苦耐劳的闽赣客家儿郎，就迈开了双腿，光着膀子，拿起担竿络索。每日四五百人穿梭于闽西赣南的迢迢途中。江西罗塘与下坝之间，挑运脚夫好似蚂蚁牵线，络绎不绝。自1840年以后，五口通商，海禁大开。香港、广州、上海等地花样众多的洋货，均由汕头进口，转运到下坝；而武平周边县市的农产品接驳运送，也使挑夫人数猛增，队伍壮大。

武平特殊的地理位置、落后的交通条件决定了武平人特殊的生存方式，客观上造就了脚力挑夫一族的形成。

在古道上挑担前行（照片由县档案馆提供）

从事肩挑脚运的挑夫，"棒棒团""担竿军"，俗称"挑担佬""挑担脚佬"。刚开始时，他们一个个身强力壮，虎背熊腰，是气壮如牛的彪形大汉，吃得苦，耐得劳。随着挑担岁月的磨炼，他们的肩头上、脚底下满是老茧，黄种的客家汉子，经风吹日晒霜雪酷逼后，皮肤变成了紫铜色，一桶水从头淋下，水珠一泻到底，毫无遮拦。到年老时，两眼深陷，瘦得皮包骨，他们的左右肩锁骨，一高一低，腿股骨在腰部凸出，双脚行路总是紧贴地皮，一跛一瘸的，这是挑担职业病的明显印记。

武平到底有多少"挑担佬",数量实在难以统计。据祖辈说,乡乡都有"棒棒团",村村都有"担竿军",有的村庄,家家户户都有一个以上男挑夫,农闲时,有些强壮的妇女也加入挑夫行列。他们成年累月奔波在铺、塘的"官道"上,穿梭于蜿蜒的山路中。

"挑担佬"使用的工具,平凡而又独特。①竹制或韧木制的担竿(扁担)一条,经"三浸三晒"精制而成,刨得油光锃亮,中间宽、两头尖,韧度强,随负重前行,上下晃动自如,经久耐挑;2.6尺左右长,最多不超过3尺。②绳索1副2条,一般是用棕或麻绞制而成,每条5尺左右长,尽量长一些。挑夫行语有"长索短担,轻挑一半"之说。③可伸缩的撑棍(丫状)1条。这撑棍,用小茶树等硬木做成,从脚比至肩高。走平路或下坡时,折叠缩短放在挑担的竹扁担凹陷处,上崇爬坡实在难以前行时,则将它取出,将重担一头搁在路坎上,另一头用此丫撑住歇肩。④披肩(或叫风肩)1个。其形状犹如今天哺小孩用的"吐乳枷""口水枷",开一长条口,圈沿肩平。内外用布缝连,中间包藏棕片或稻草,柔软耐磨,以防挑担左右换肩时磨破皮肤。⑤草鞋两双,穿一双,备用一双。

武平挑夫行走的线路,分短途和长途两种。短途交驳者,路路都有,可谓"全民皆挑"。行长路者,大都走的是铺塘"官道"或商贸要道。

长年挑夫,每天行6铺路,约60华里。每人挑130斤(老秤)左右,挑米5斗,挑盐8包,挑草纸4顶,挑茶油2桶,挑铁钉、布匹130斤左右。破晓出门,日落住店。

挑夫常叹:"黄连猪胆苦,挑担还更苦。"挑担苦,表现在以下几个方面。

一是家庭生活苦。"苦不苦,锅里无米煮","无奈何,挑担讨老婆",民间谚语反映出生活的甜酸苦辣。挑担苦力,以其不屈的生命展示着人格的光华。尽管他们也曾千百次地想摆脱挑担的命运,

"话哩唔开就唔开，担竿络索丢落溪；石板搭桥都唔过，情愿着袜入深潭"。但是，在那样的年代，除了一副铁肩两只铁脚以外，一无所有。蜿蜒的山路就像一条长长的绳索，把他们紧紧地捆绑。抱怨归抱怨，第二天仍无可奈何地在石径岭，在遥岌崇，在麻姑墩……牛驮轭，血泪前行。

二是与自然作斗争的艰苦。长年累月，风霜雨雪，一年四季，披星戴月。擗撇几多蜘蛛网，踩扁几多牛屎堆；每天破晓前行，吸干多少路旁朝露，过村过堡，躲闪过多少凶残恶狗；饥啃干粮，渴饮山泉。路路驳驳沿途每 5 华里或 10 华里便建有茶亭，这是当地好人施公积德所为，有的茶亭还有善人赐茶，挑担困极之夫驻足小憩片刻又继续匆匆赶路。由于当时山高林密，时有毒蛇、虎豹豺狼等出没，午后过横排过凹，挑夫们都争先恐后，心惊胆战地结伴前行，以致流传着"先行的哥，后行的叔，中间行的是老虎肉"等自我安慰的俗语。

三是要面对"强人"打劫之苦。由于当时社会动荡，加之官府管治薄弱，闽粤赣边官道商路上山多路险，常有土匪抢劫。为防"强人"（指土匪）、避克"落单"（指挑夫掉队），挑担人同仇敌忾，邀朋结伴，大队人马一齐冲隘口过山凹，有时几十人、上百人，甚至几百人一同出发，浩浩荡荡，团结如钢。挑担队伍同时发出高亢起伏、节奏有致的"哎嘟——""哎嘟——"的挑担号子，以壮声势，以解劳困，回荡在山谷中，几里地外都能听见。民国 21 年（1932）国民党第一集团军独立第一师第二旅旅长严应鱼部驻守闽粤赣边，在下坝构筑了五座碉堡，曰"五马落槽"，说是保障挑夫安全过关，挑盐者每人留下 5 个壳子（铜钱），挑米者每人留下 3 个铜钱，作为买路钱，明军暗匪，趁危打劫。这时，就有大土匪出面包路，沿途私设关卡，每关卡另收一担米半洋毫，一担盐两三个铜板的买路钱。石径岭登云亭一带，由钟绍葵出面包路，下坝至罗塘有岩前钟文才，江西潘满山、吴成富等设卡；嗣后又有钟隆、钟腾福等在礤头塘、溪头墟、山背等处设卡。往江西白铺，则有潘顺荣、钟彩东、兰登山等在礤头塘、瓜子坪、东留、桂坑等处设卡。挑夫留下保护费，便可安全过关。这收费虽说不合理，但总比遭土匪打劫一空甚至丧命要强得多，所以挑夫们一到关隘都自动自觉地交费留下买路钱，这真是"打落牙齿顺肚吞"啊！

四是挑战常人难以承受的身体极限，吃尽人间苦中苦。笔者曾作《挑担吟》云："挑担佬，真可怜。行长路，血泪连。牛驮轭，步履艰。上坡下崠，大气紧喘。左肩抛右肩，右肩换左肩，左右轮磨烂颈筋，一步唔得一步前。大汗滴细汗，肚饥冇精神。草鞋磨烂脚趾尖，路路驳驳泪连连。漫漫挑担路，磴磴留血痕，蜿蜒羊肠道，步步都危艰。"（见《梁山情韵》第71页）闽西山歌唱道"想起挑担真可怜，一肩唔得一肩前；上崠好比牛驮轭，下岭顿断脚蹭跟"，唱出了挑夫的血泪艰辛。无数挑夫，起早摸黑，风餐露宿，自武平下坝墟开始，途经露冕—石冠坑—荷树凹—冷水—陂下崠—民主—吴畬—山背崠—江西罗塘，全程110华里，挑食盐等约130斤重的货物，要当日赶到，烈日酷暑，风霜雨雪严相逼，若是常人，空手徒步都难以到达。第二天在江西要同样肩挑130斤的或大米、或黄豆、或茶油返回下坝。可想而知，挑夫们远远超出了常人身体极限地付出，而且长年累月，天天如此，寒来暑往，从不间断，只能是积劳成疾。人为肉肤，并非铁打，即使铁打，也会磨坏。故不少挑夫，往往一个头晕眼花就倒下了，一倒下便永远也起不来了。风雨侵蚀，挑夫们赶往茶亭里歇息，往往一歇，就永远地睡着了。早死夜埋，路上死路下埋，对于苦难挑夫来说那是司空见惯的事。据客家著名学者王增能先生撰文：挑夫累死病死的事情是经常发生的，主要是江西人。当时下坝成立了一种社会慈善机构，叫"棺材会"，有产业，是群众捐献的钱办起来的。棺材会拥有安吉居二间房子，挑夫死了，由棺材会布施棺材，将死者移放安吉居，然后由同路人埋葬。安吉居旁边有一相公庙，奉有文天祥等人的塑像，据说香火很旺。穷人死了，也就安乐了。"安吉居"三个字饱含着穷人的多少血泪！

古老交通工具

——"鸡公车"印记

李志祥

老来梦多，时常会梦见乡村小路、田埂和山间小路上吱吱嘎嘎的独轮车，我们家乡人叫它"鸡公车"。这种中国最古老的交通工具，或许是太熟悉了，以至于在"鸡公车"日渐稀少的今天，只要看到带有轮的物件，我的大脑里就会禁不住地浮现出"鸡公车"的影子，仿佛耳边还依稀回响着那种沧桑而深沉的轱辘声。

鸡公车在中国已有很久的历史了。据传，夏禹治水时，奚仲发明了"独轮车"，后又改制成马车，为夏禹治水立下了汗马功劳。史称"夏禹治水，奚仲造车"。夏朝奚仲应该是世界造车的鼻祖。

然而，在我的家乡，人们使用"鸡公车"却是在20世纪60年代初的事。之前，由于家乡地处闽赣交界的小山村，交通极其闭塞，与外界联系的是一条蜿蜒曲折的沙石公路，祖祖辈辈都是肩挑背驮，这种农耕时代的生产方式，不可避免地导致家乡的贫穷和落后。而"鸡公车"这种半机械运输工具的出现，大大减轻了人们的劳动强度，从而也结束了大多数人肩挑背驮的历史。

我的老家桂坑离东留墟有30多里路，20世纪六七十年代前三个村（桂坑、背寨、蓝畬）只有一家供销社，那时候村里缺少交通工具，供销社里油盐酱醋、日用杂货等都是由街上的王叔和梁叔用"鸡公车"从东留供销社拉回来的。赶30多华里的山路，没有相当的体力是吃不消的。他们推车的时候，一根帆布背带吊在肩膀上，一双粗大的手有力地握着"鸡公车"的把手，笨重的货物稳稳地躺在车上。遇上斜坡的时候，他们吃力地向前迈动一步，"鸡公车"才向前滚动一点点，稍有力气不足，车子反而倒退回来，每每这时候他们身上的衣服被汗水浸透，像是从水里捞起来的一样。而下坡的时候更是危险，整个人要把车子拖住，不然会连人带车翻进山谷。多少个春夏秋冬，他们推着"鸡公车"风里来雨里去。夏天，光着胳膊，头顶骄阳；深冬，穿着单裤，迎着寒风。砂石路上的沟沟坎坎，仿佛是他们的脚步和那滚滚车轮留下的痕迹。

从东留往回走的路上，一段很长的上坡路，叫"腰岌岽"，特别是推着重货上"腰岌岽"，他们两只手紧抓"鸡公车"的两个车把，撅着屁股，牙关紧咬，两脚紧紧地往后蹬，这时往往是大汗如雨，额上青筋暴突，上到坡顶，人早已是气喘吁吁，筋疲力尽。那时，我们星期六从东留放学回家，王叔、梁叔总是会在树荫下歇脚，等待我们帮忙拉一把。到了下坡的地方，他们也会让我们坐在"鸡公车"上，顺带捎我们一段。他们推"鸡公车"时，为了便于施展力气，同时怕衣裤被汗水湿透粘住身体，总是穿着短裤，因此，浑身被晒成了古铜色。

以前，因为车轮子是由硬木块拼凑起来的，车轮钉上一圈铁皮或橡胶外胎底，车轴、车架子等也都是用硬木头做的。车轮转动起来，木轴与车架子相互摩擦，时间略久，就会发出吱吱呀呀的声响，起初断断续续地响，后来整个连成一曲长音，随着路面的凹凸不平，声音会变得抑扬顿挫，听起来似一首美妙的乐曲，推车人会在这乐曲声中减轻一路的劳顿。

"鸡公车"的优势在山间颠簸狭窄的小道上，被发挥得淋漓尽致。一个轮子，机动灵活，很窄、很难的路况都能行走，林间小道，时宽时窄，逶迤曲折。宽处不足两米，窄处对面来人彼此需侧身相让。山上红土壤路面泞滑。滚动的车轮留下一道深深的车辙。山上路窄，大板车无法施展身手，运不出来的木头，只有靠"鸡公车"了，有的山路崎岖不平、蜿蜒盘旋，推着"鸡公车"走真是惊心动魄，木头稍没装好，一旦轮子受力过重，车就有倾覆的危险。

手推"鸡公车"对劳动者来说是一种活计，也是一种享受。车子左弯右拐，走的是蛇形的路，轧出的线条似曲谱。推车人驾轻就熟，像使唤耕牛一样顺手。直到太阳下了山，周围蒙上黑影的时候，山窝里远处才传来熟悉的"吱吱呀呀、叽哩咕噜"的声音，声如乡间小曲，我一听便知道是瑞金师傅推着独轮车从山上回来了。

我接触"鸡公车"是在80年代末，瑞金谢师傅留了辆"鸡公车"给我。以为这独轮车好使，其实用了之后，你就觉得，这独轮车是很难推的。推车好似不费什么劲，其实不然。推独轮车既要有腿劲臂力，又要有技巧方能把握掌控。我曾经有几次试着推车，结果不是车翻就是人仰，有一次还差点把轮轴蹩断。操练了好久，才掌握了一定的决窍。"鸡公车"在我的人生岁月里留下了永不磨灭的印迹。

老物件一样一样远离了我们的生活，"鸡公车"也是一样，远得只能到几十年前的记忆里去找寻。我只能用文字叙说已然远去的岁月，包括那些有恩于我们的工具。

石 径 岭

谢观光

我读史之余,欣赏古诗。明代汀州知府刘耒的《石径云梯》勾起我心中的回忆,使我感慨万千。诗曰:"迭嶂重岗断复连,岩峣嵬际出层巅。遥闻猿啸苍烟里,仰见人行白日边。岂必东山能小鲁,来临华岳若登天。游人仰望知何处,目极阑干路八千。"

为领会古诗的意境和韵味,体验石径岭的雄姿,欣赏"石径云梯"的美景,我们一行三人又一次来到石径岭。

石径岭,古称石垦岭,又名云梯山。高近千米。位于武平县城西北万安地域。系武平八景之一。这里峰峦叠翠,高耸入云,巍巍绝壁,险峻雄奇。山连武夷山南麓,由吊云寨横而来,气势磅礴,巍峨壮观。正如明代汀州知府刘耒诗句所云:"迭嶂重岗断复连,岩峣嵬际出层巅""游人仰望知何处,目极阑干路八千"。

石径岭险峻可扼。昔时,这里是通往江西官道上的石径岭塘(《志》载民国以前武平没有驿站,只有塘、铺,如三角铺、石径岭塘)。一条隘前七百余级、隘后五百余级共一千余级之字形的石砌古道,苔痕斑斑,蜿蜒而上,直通隘口。这"石径梯悬绝攀附"(清代汀州太守王廷抡诗)、"高悬多被白云漾"(明代教谕王銮诗)的险隘,高入云端,是三省通衢的必由之路,民国《武平县志》载:"石路千余级,为通江西要道,险峻可扼。"古代官吏客商以及"盐上米下"的挑夫们,都取此唯一的官道行走。这里留下了无数古人的足印,演绎了许多传奇的故事。

石径岭隘口处有座登云亭(古时又称"登云庵"),这里更是群山环抱,古木参天,莺歌燕舞,风光旖旎。清代知县刘日户诗句云:

"柳外莺声时送响，松边鹿队自相喧"。明代知县孙勋又云："九重应在彤云里"，"曙色岚光翠欲连"。真实地描述了"登云亭，燕呢喃，莺啼花卉醉，枫叶衬花繁"的美景。正如明代教谕王銮诗句所云："遥看浑似画图中。"亭前山涧，泉水叮当，传说这是观音菩萨的净瓶之水，甘甜、凉爽，行人无不喝个痛快；远处丛林中有一瀑布倾泻山涧，"飞流直下三千尺，疑是银河落九天"，水花四溅，像珍珠跳跃，似玉屑飞飘，犹如神仙撒洒珠玑的美妙景象。亭内供奉观音佛母，她安详地坐在莲花座上，"慈眼视众生，弘誓深如海；慧日破诸暗，普明照世间"。左手捧净瓶，右手拿杨枝，真是"瓶中甘露常遍洒，手里杨枝不计秋"。人们走进佛堂，肃然起敬，面对观音菩萨，都双手合十，祈祐一生平安。走出门口，发现寺庙已经重修，雪白的墙身，屋顶盖着琉璃瓦，旁边还建有客堂、餐厅、厨房等，以方便来客歇息、就餐。但是，条石做成的大门和门额上斑驳沧桑的红紫石额，还保存了昔时"登云庵"的文物古貌。红紫石额雕"云梯山"三个大字，工工整整，刚劲有力，模糊的矿绿色阴雕字显得风貌依旧。门上有两副对联："云峰崛曲崎岖路，梯度艰辛来往人"，"石径有尘风自扫，云梯无蹐月常升"。显然第二联寓意深刻，内涵丰富，富有哲理，一看便知是古时留下的佳联。据说，此联第二句，原来是"青天无路云为梯"，是后来社会上的文人墨客把它改成"云梯无蹐月常升"的。以后此联又作适当修改，把"扫"字改为"拂"，似乎更为儒雅，但我认为"拂"字有不合平仄之嫌；还把"常"字改为"恒"（永远）字，这字改得好，既合律，又妥帖。经众多文人反复推敲修改的"石径有尘风自扫，云梯无蹐月恒升"较生动形象地描绘了云梯山险峻、明丽的醉人景象。

我们来到前坪隘口。看到险隘，看到完好而长满绿苔的石阶，仿佛又见到 90 年前朱德军长在这里指挥战斗的情景：1927 年 10 月，朱德率领"八一"南昌起义军 2500 多人，一路急行军，在武平青云

闽赣古道石径岭　李国潮 摄

石径岭古桥　李国潮 摄

山伏击战及西门阻击战取得胜利后，迅速向江西转移，途径石径岭，但这军事咽喉却被东留土匪何四妹占据，妄图阻止起义军前进。这时，具有卓越军事指挥才能的朱德军长站在队伍前，一面指挥部队疏散隐蔽，一面亲自带领警卫排小分队在悬崖峭壁处攀藤而上，从山梁走横壁到隘口，出其不意地从敌人侧后发起进攻，当场击毙匪首何四妹，余匪见匪首中弹身亡，亡命溃逃。朱德军长威武地站在断壁前，手掂驳壳枪，指挥后续部队胜利通过隘口。并迅速经东留进入赣南山区，与毛主席带领的秋收起义部队会师井冈山。正是：铁流勇突过隘口，朱德智取美名扬。

晌午，我们带着收获和喜悦，满载而归。

中堡镇在民国及以前的主要交通路径

林东祥

　　中堡镇位于武平县境内东北部，东临客家母亲河汀江，境内山林茂密，水系纵横，前广西师范大学教授、著名作家刘泰隆写有《中堡史略》：

张畲古道　李国潮 摄

　　中堡自古长汀地，宋初建县归武平。原名上中堡，区乡名上中。墟场在中堡。东界圆通庵，西至梁山顶；东南临紫金，北到大水坑。境内拥有两大山，梁野仙山与观狮山。两山孕两水，高坊大坪溪。溪流入远富，合成中堡河。通航不方便。发电数岭头，西北多高山，盛产竹、松、杉。草纸和木材，远销至潮汕。中央属平地，良田无涝旱。一年产大米，足食两年余……

刘泰隆先生在《中堡史略》中基本概括了中堡的山川地貌、历史沿革、邻域边界及主要物产情况。但千百年以来，主要在民国及以前历朝历代，中堡居民出行的主要道路有哪些并没有描述。为了粗略勾勒近代及古代中堡出行路线图，笔者访问了多位年纪在70多岁的老人，特别是访问了中堡村的石福德老人（93岁）和乌石村的石荣麟老人（77岁），对此作些简略概述。

采访石福德老人，他说过去中堡到汀州府（今长汀县）主要走以下路径，路途长240里左右，并且有路径歌谣（下画线为地名）。

檀岭过去珊瑚乡，九下（浦）七里（山）到官庄；

马屋龙下（溪）樟福浦，斜英唐桥岬里上；

新垫（浦）梅（子）坝到水口，石壁（浦）三洲腾（跟）河上；

庵子窑下走了过，河田塅上乱茫茫；

黄管塔山到南塅，风流（山）画眉（桥）到汀州。

石福德在民国时期有多年到汀州府经商的经历。据他说，古时武平人考秀才、做生意也是走这条路线，他还说，其中唐桥过后二三十里，无人居住，极为荒僻。石壁浦是专门做钓具的地方，庵子窑出产陶器，远近闻名。风流山上有亭，其中有一传说，有一挑着满担黄豆的汉子上山时见前面有一漂亮女子，女子远远回头脉脉传情，男子挑着百多斤的担子健步如飞，追上那女子，成就露水夫妻，事后伤风而死，留下风流（山）的名字。画眉桥周围有人家居住。中堡到汀州壮汉单程需走两天半时间。

中堡到武平县城有多条路径，那时多为石砌道路。路径一：朱坊—中堡（石屋）—河鲤凹—高崈—袁畲—大岭脑（桥）—牛轭岭—东岗—三多亭—县城，路程大约 60 里。路径二：是从悦洋为起点，悦洋—下青迳—生下隔里—廖屋—中间堂—上畲—袁畲，袁畲过后走的路途同上，这条路有 70 多里。

中堡到武北的路径有二。路径一：中堡—高坊—罗助—牛尾岭—孔厦凹。这条道路以前也非常热闹，牛尾岭途中有亭，周围有一大寺庙，好像叫金山寺。这条路到孔厦凹有 40 多里。路径二：中堡—远富—大坪—佛子高—林坊—章丰大凹—桃溪新兰，这条路从中堡到章丰大凹也有 50 里左右。

中堡到上杭县城也有两条路径，一条走旱路，一条走到上杭河上迳口坐船走水路。

走水路的路途是，朱坊店下—朱坊凹—狗形地脚—大坪里—万石亭—乌石头下—牛皮礤—中间堂—五坊—藤崈岭—石下—迳口，水路合计 70 多里。

走旱路的路途是，朱坊店下—朱坊凹—狗形地脚—大坪里—万石亭—乌石头下—牛皮礤—中间堂—五坊—狐狸凹—汤坊（川坊）—寨背—下庄—严迳（谐音）—兰地—上杭城，这条路大约 60 里。

另外，在 20 世纪 30 年代，当地军阀钟绍葵曾开辟一条从高梧到官庄的可通汽车的公路，从高梧到官庄的路径大体是，高梧（界碑头）—石田—寨背岗上—车子前—五坊—中间堂—乌石头下—羽然亭（小岭、乌石交界）—小岭—三井—芳洋—珊瑚—官庄。这条路打通武平到长汀的北面出口，连通武平—上杭—长汀三县，可惜因为战乱，只修到乌石头下。

青山叠叠路迢迢

练建安

　　闽粤赣边客家人聚居地，有崇山峻岭、千岩万壑。如赣南，南横五岭，东靠武夷，西倚罗霄；如闽西，有武夷、玳瑁、彩眉、博平岭山脉以及诸多南岭余脉；如粤东，有项山、阴那、凤凰、释迦诸峰。闽西是"八山一水一分田"，赣南是"七山一水一分田，还有一分是道亭"。

　　山间多路，但"对山喊得应，走路是半天"。峰回路转处，又有"百肩坡""千肩坡""千蹬石""万蹬石"等关山重重阻隔。古时，此地货物运输沿赣江汀江梅江韩江船载以出外，全凭铁肩膀铁脚板随风风雨雨漂泊。

　　这"百肩坡""千肩坡"，系指挑担爬坡时须大汗淋漓地不间断换一百次、一千次的左右肩，才能抵达山腰分岔口或峰顶。"千蹬石""万蹬石"者，即有千级、万级的石阶。

　　客家民谚中有"铁作艄公纸作船"和"世上第一苦，挑担行长路"两句。群山绵延之间，有密如蛛网的山路，其主干道，即为石砌路。

　　我们可以从石砌路上大量存在的茶亭兴建者多为客家人这一事实推论，闽粤赣边石砌路的出现，极可能是在东晋末年中原客家先民第一次大规模南迁之后，并随客家民系的发展而增扩，历经朝代兴衰，不间断地构建经营而形成如此规模。闽粤赣边客家山区村落与村落之间、族群与族群聚居地之间，大多有一条或一条以上的石砌路互为沟通。这千条万条的石砌路到底有多少条，难以精确统计，但闽粤赣边客家山区有多少山村，就有多少石砌路的说法，应该是成立的。

闽粤赣边客家大本营包括了古代汀州、虔州（赣州）、宁都直隶州、安南和嘉应州（梅州），以及韶、潮诸州的一部，几乎集中了全国41个纯客家县的全部。这里到底有多少个客家山村，同样难以精确统计，但仅闽西武平县的北部，即号称为"武北六十四乡"，也就是说，有六十四个客家山村。

正如秦始皇统一九州，则"车同轨、书同文"；隋炀帝登基后则下令凿通了京杭大运河。我国历史上许多行政机构，出于政治、经济、军事、文化诸多方面的考虑，极重视交通建设，但似乎对"驿道""官道"以外的交通建设，没有太多的兴趣。据客家谱牒、地方史志记载或实物资料（如石碑、茶亭）表明，闽粤赣边山间石砌路的形成与发展，离不开民间的力量，包括宗族组织和"修桥砌路修阴功"的善男信女的力量。

绵延不绝、丝丝缕缕、长达万里的石砌路，曲径通幽，峰回路转，四通八达，如血脉、如微循环系统遍布闽粤赣山区，由一石块一石块铺筑而成。它平凡、隐迹、不事声张，固然难以与横亘北中国气势磅礴的万里长城媲美，但仔细品味，却有某些心领神会之处。

这万里石砌路，被认真地经营着，包括风雨无阻胼手胝足地兴建、修复因山洪冲刷而造成的塌方、除险加固、削去路边杂草和低垂横逸枝丫等等，当然还包括兴建或修缮其附属工程——茶亭。

这项浩大的工程，年复一年，月复一月，一茬接一茬，代代相传，绵延千年。这是客家人自发的、民间的、实用的、仁爱的和平工程。

我想，千百年来，每一位来去匆匆行长路的人，走在一条条石砌路上，他或许无暇顾及山间四时优美的景致变化。但我想，当他疲惫的双脚踏在一条宽大的麻石上——那些不知名的客家乡亲为行人的安全而细心铺设的宽大麻石上的时候，当他长途跋涉、困倦无力的时候，他猛然发现不远处有一座简朴实在的茶亭张开飞檐翘角，迎面静候他的来临。这时，我相信他的心中会感觉到芦花飞落、彩蝶纷飞、清泉淙淙以及清脆悦耳的风铃声。

走进茶亭，或许空无一人，还有些残破，地上满是残枝败叶、杂草丛生，茶亭外的芦苇、树枝已悄无声息地伸入，飒飒山风穿堂而过，亭柱上有"石径有尘风自扫，云梯无路月常升"（福建武平石径云梯）和"岗上此亭两岸荻枫鸿雁影，人间何时满途荆棘鹧鸪声"（广东大埔胡寮梅潭）一类的楹联，斑驳的墙壁上有行人留言，有阿哥阿妹的山歌，甚至有信笔涂鸦胡言乱语。但是，茶亭里有常备的凉开水，供你饮用；有灶具，供你烧火做饭；有板凳，供你歇脚打尖。这时，你的心底或许会涌起一种乡情乡谊的温暖，感受到善的力量。

歇足了，你再起程，青山叠叠路迢迢。

象洞洋贝村到枫树釜到石乱磜到岩前梁屋之间的石砌路，是客家山区一条极普通的石砌路，是福建武平的象洞至岩前的一条山间通道，全长约30里。岩前人所说的"转象洞"，象洞人所说的"转岩前"，往日多半是走这条路。所谓"转"者，是客家人对东西方向往来的俗称。

转岩前，则从枫树釜东侧山脚洋贝村出发，洋贝村坐落在一个山间盆地内。此地有崇山峻岭、茂林修竹、纤陌纵横、屋舍连绵，一支源于中原岐山的世家旺族在此聚族而居。行三里许，有一茶亭，再行二里，即开始爬枫树釜。枫树釜，多枫树，秋日层林尽染，枫叶如彩霞。枫树釜东侧石砌路基，宽约二米，全由坚厚麻石铺筑。迂回曲折攀沿而上约五里许，峰顶有一茶亭，穿越西下，一路草树摇曳，四季山花常新常艳，百鸟轻啼，群莺乱飞，光滑的石砌路上间或铺黄落叶，一路时见山坑田，多种八月粘。弯过八九里，但见竹林深处有人家，炊烟袅袅，此即石乱磜，路边有一土地伯公神龛，往前数十步，有一古旧石拱桥，清溪飞珠溅玉，石桥青藤蔓络。又走四五里，又有一茶亭，前有清泉一泓，极甘甜。再走三四里，便到了岩前迳田水库区，秋冬之时，水位下降，库区裸露的山田可供人行，常可以在龟裂的山田间发现顽强生长的禾苗。沿碧波荡漾的水库岸上前行二三里，到了梁屋，这已经是岩前盆地的东部边缘，万家炊烟中，载入《中国名胜词典》的狮子岩已遥遥在望。

一路上，你不会感到寂寞，时有过往行人，有耕田者、砍柴者、牧牛羊者、采山药者、香菇客、采割松脂者、猎人等，都来山里了，你时不时可以听到"哟嗬""哟嗬"的声音，山鸣谷应。有时，你会听到一曲山歌从深林飘出。20世纪70年代末的一段时期，有好心人告诫来往行人，必须结伴于黄昏前过枫树崟。因为，有人看见过老虎（华南虎），还听到威震山岳的虎啸声。

（原载《福建文学》）

挡风岭古道上的幽默故事

谢观光

挡风岭古道是武平通向汀州府的官道。古时武平县城及武西南的文人去汀州府参加科举考试都走这条古道。

相传，清朝乾隆年间，武平县书生王二、张三、李四结伴同赴汀州府应试。他们从武平出发，跨过当风岭，来到永平帽村。这时夕阳西下，李四说："是否在这里投宿？"张三说："现在才走了四十多里路，是否多赶一程再说。"于是他们又往前赶路，走了 20 里路左右，天已黑了，想投宿，半路没有客栈，不知如何是好。这时王二开玩笑地说："别急，走到前面我丈娳婆（丈母娘）家借宿吧！"摸黑走了一段，见路旁有一点了灯光的农家，王二上前叩门，大声喊："丈娳婆开门！"一老妇应声开门。问明情况，允许借宿，并备饭菜招待，但是，老妇说："刚才谁叫我丈娳婆的？此人太轻薄无礼了，不能借宿！我虽有一女，年方二八，尚未嫁人，但她自幼勤奋好学，博览群书，文才满腹，尤喜诗联，她再三叮嘱，要能工整对出她的对联之人，才愿出嫁。你们去汀州府考试吧，若有意成为我乘龙快婿，请金榜题名回家时再到我家应对！"说完，王二只得被拒之门外，后悔莫及，然后走到隔壁主人放稻草秆的房子里休息去了。老妇之女在后房把母亲的话听得一清二楚，感到母亲对待客人有点过分了。于是偷偷点灯寻找，发现王二在稻秆房歇息，便谦恭地说："先生，对不起，我母亲无礼了。"王二马上起立作揖，说："是我对不起，开玩笑过头了！"然后才女立即去备饭菜，还特意煎了两个荷包蛋盛情款待。又把自己的绣花被拿来，怕先生冻着受凉。王二见才女如此谦逊热情，便大胆问："刚才令堂所言，要对出您的对联您才肯出嫁，你的对子如何?"才女见先生文雅庄重，人又帅气，乐意说出下联："鸡啄铜碗，叮当叮当。"王二记在心里。次晨王二早起先行，张三、李三感谢老妇借宿之恩后起程赶路，不一会追上王二，齐问："你昨夜住在哪里?""在我丈娘婆家呀! 我盖着绣花被，睡得很香哩!"张三、李四感到惊奇，一路无话。不料，在州府考试时，出的联对是上联："马过铁桥，踉嗒踉嗒。"王二将才女出的下联应对，结果高中录取，金榜题名。回程时他把试卷上的上联向才女作答，并告诉她已金榜题名，才女芳心大悦，马上应允王二作郎君。王二立刻回家选择良辰吉日迎娶才女。真是："喜庆帅男登虎榜; 欣逢才女结良缘。横批双喜临门也。"

深山小道上的扛树人

王正茂

湘里山多田少，加之多数是山坑田，一年只种一季稻，每亩年收水谷400斤左右，改革开放前，除去交给政府的农业税和指令性的所谓"余粮"后，剩下的粮食难渡饥荒。好在湘里有18000多亩山林，土地肥沃，适宜树木生长。20世纪六七十年代前，山林覆盖达98%以上，山上树木郁郁葱葱，长势茂盛，有的杉树高达30多米，根部直径一米有余。

卖树木是湘里人的主要经济来源之一。其方法主要有两种：一种叫"买青山"，山主把做树子生意的老板带到山上去看，点头（棵）卖，成交后由买方自行组织砍伐、运输、出卖，山主只收成交时所定金额，其余事宜一概不管；另一种是山主自行组织砍伐、运输，直接卖给外地木材老板。20世纪50年代前，湘里没有公路，无法用汽车载运，无论多大的树也只能用肩扛。由于湘里木材业的兴旺，锤炼和造就了一代又一代的"扛树师傅"。

湘里人的杉树砍伐主要季节，上半年在"春分"前后，下半年在"霜降"前后，因为春分前后的杉树好剥皮，杉皮还可以扛回家盖屋顶，霜降前后的树质比较好卖，价较高，所以多数人选择这两个季节砍伐。杉树砍伐后立即剥皮，经一个多月晒干后"裁筒"，这叫"取树子"。一棵树一般裁三筒，分别叫头筒、腰筒、尾筒，裁完三筒后的叫树尾子，每筒六米长。裁好后滚下山谷，再扛到路上堆起来，这叫"出山"。树筒出山后，如果还湿，为了减轻重量，需待若干时间晒干后再扛。

湘里人的扛树技能远近闻名。在远距离时分驳（段）渐进，

20世纪60年代以前，采伐、搬运木材都是靠人工搬运。木料笨重，道路崎岖，其难度可想而知。图为搬运工人，喊着号子，齐心协力，把砍伐下来的木材从山上搬运下来（照片由县档案馆提供）

其规矩是80步脚为一撑，七撑八肩为一驳。如果到外地扛树，因路途不熟也按此规定，以免吃亏上当。照此距离一天扛八趟。有些地方为便于树筒堆放，有些驳缩短或延长距离时则要增加或减少趟数。如湘里的郑屋塘一带的树，在出山时扛到郑屋塘岽上，尔后从郑屋塘岽—大寨头岽—过龙凹上—凹峰岽—拱桥子—神潭坝等五驳。扛到神潭坝后堆放在那里，待下雨时滚到溪里，靠水力运到桃溪河进行钉排水运。如逢久不下雨，则要直接扛到桃溪河岸，所以湘里人在桃溪河西岸专门买了一处地皮，名为"堆树岗"。

师傅们扛着直径三四十厘米以上、6米长的大树，要走十多里的羊肠小道，弯来弯去，上岭下岽，还有达30多度的陡坡，难度之大可想而知。扛树的人不能从树筒的头端排到末端，否则过凹和转弯时会造成一些人肩树脱离无法着力，有的人又无法承受，所以扛一筒树无论需要多少人也只能分布在中间3米左右；扛大树不能在树的一边扛，否则不仅脑袋抬不起来，而且树会滚动，必须采取两人左右胛肩（并肩）的办法。扛大树步调非常重要，有时几十个人扛一筒树，哪怕是其中有一个人脚步不一致，都可能造成不堪设想的后果。为了统一步伐，扛树时师傅们呼着号子，起肩时叫："嘿呀、打、打、嘿、嘿、嘿——"；起步时叫："嘿—嘿—嘿—"；上坡时脚步比较慢，叫"嘿—呀、嘿—呀、嘿—呀；"平路时叫"哼唷、哼唷、哼唷"或"迢唉、迢唉、迢唉"。叫号的节奏不是千篇一律，而是根据脚步的快慢变换。按扛树的人数，从前排到后，第一个人为领号，其他人附和。通过叫号，一是可以步号一致，避免乱了脚步；二是可以集中一定的精力，从心理上减少负重量；三是体现扛树师傅的技能和艺术，同心协力，振奋精神，在一定程度上缓解疲劳。扛树师傅扛大树时会吸引很多人去观看。

由于湘里人的扛树技能远近闻名，周边地方都请他们去，湘里的师傅们自带棉被和日常用品进行劳务输出，江西、长汀等地都曾留下他们扛树时的汗水和足迹。

山上的木材搬到比较平坦的地方以后，改用肩扛的方法。搬运工手持"撑棍"，脚穿草鞋，把木材搬到指定的地方（照片由县档案馆提供）

　　扛树是很危险的重体力活。业主常会带香纸、蜡烛到土地伯公那里去烧，以求保佑平安。干这种活时，讲话要讲吉利的话，连不吉利的谐音字都不能讲。他们有自己的行业俗语，吃午饭叫作"午朝"或"烧蜂子"，饭碗叫"莲花子"，筷子叫"兵"，米饭叫"蜂子"，茶水叫"汤子"，公鸡叫"红脸佬"，鸭子叫"婆筒子"，鱼叫"耶佬古"，猪肉叫"拥头佬"，兔子叫"缩脚佬"，草鞋叫"马子"，归（收工回家）叫"转邸"……一批树扛完后，业主要买酒买肉加菜，请师傅门吃喝一餐，大家平平安安，高兴热闹，以示祝贺，这叫"做齐普"。

　　20世纪60年代后，桃湘公路开通，木材扛到公路上用汽车运输，加之大树逐年减少，昔日的扛树情景已成为历史，但他们那种清脆洪亮的号子声仍在湘里人的脑海里回响，教育后人要铭记着前辈们的勤劳、勇敢和智慧。

石径岭上的传说

练康豪

"康乾盛世"之际，在距武邑城西十多公里的"石径岭"顶的寺庙里香火鼎盛，和尚云集。有许多年少和尚跟着老和尚坐禅、修炼、学佛。

平时，在寺庙里众和尚悠闲自得，有一件事却让他们烦恼费心：通往"石径岭"的是石阶，蜿蜒而上，有700余级，那时这里是粤、赣两省经商者必经之地。他们经营油盐、布匹等百货都靠肩挑手提，没有一定的体力和耐心的人是难走过此岭的。

传说山顶寺庙的老和尚教小和尚刻苦学经修炼，颇有一套妙法，出师者众，远近闻名。

某年盛夏的一天，老和尚令三个小和尚到西边的山脚下为百姓挑运货物。一个名叫"可都可"的小和尚被派到东边山脚下为民挑货。临下山前老和尚循循叮嘱："你们下山为脚夫挑东西，一定要注意安全，更需要慈悲大度，不可造次。"众小和尚唯唯应诺。

"可都可"和尚"走泥丸"式的快步来到山脚下。他发现一老汉吃力地挑着一担食盐上山，气喘吁吁，汗如雨下，恻隐之心顿起。他上前双掌合十唱："老伯你挑得辛苦，我帮你挑吧？"老者毫不推脱："可以，那就让你挑挑吧。"于是，"可都可"挑着这老汉的盐担轻快地上山。

老和尚临别时还曾吩咐他们，为人挑东西时，别多问、少讲话。然而，"可都可"虚荣心极强，哪能耐得住寂寞呢?!

当"可都可"挑盐飞快上岭时，奇怪，老者也轻捷地追上来，他说："小师傅，慢点走。""没关系。""可都可"答。

然而，老者每上一级石阶都要问："师傅，你贵姓啊?""我姓可，名都可。"，小和尚总是这样答着。

当他们行至"钥匙角"时，老者还是问："师傅，你贵姓？"
"可都可"极不耐烦地答："不要多问了！"老者吓了一跳，于是，
停止了问话。

原来，这老者是天上神仙，他化为老者下凡到石径岭洞察和尚修炼
情况。他挑的是食盐，到山顶寺庙时却变成了金银。他把整挑金银送给
老和尚，却没有"可都可"的份。"可都可"思忖着："你这老东西，我
辛辛苦苦为你挑上山，没功劳也有苦劳，为何不给我一点银子？！"

此时，仙人猜透了"可都可"的心思，他发话了："师傅啊！你的徒
弟还可以，把我这金银从山脚一口气挑到山顶来呢！"老和尚答："可都可，
心中还有一点火。""是啊，他未脱俗，还会发怒，仍需要修炼啊！"

眨眼间老人化作一阵烟云，直上空中飘逝隐去。

一群学生挑担前行（照片由县档案馆提供）

"可都可"方才醒悟："啊！原来他是神仙，他在考验我呢！"

"可都可"虽在庙中苦练三载，却心猿意马，未曾出师，他受到
神仙和老师傅的责嫌，非常悔恨，只好继续在寺庙敲木鱼、念佛经！

武平最早的一条公路

王汝林、钟国光口述　石森章 整理

武平最早的一条公路是岩前至武平城的公路，这条公路（过去称马路）先是从广东梅县、蕉岭开至武平县岩前相接，后由岩前开至武平城。

1930年（民国19年）钟绍葵（武平县岩前人）为疏通运输渠道，主持开辟这条公路。他采取派工的办法，把各段的土石方分给各保、甲，只开了一年左右，就把路基基本开通，但还有很多的石方、桥梁尚未建成，后因时局变化，未竣工通车。

1932年（民国21年）驻在广东蕉岭的国民党部队有一个独立师，师长黄任寰为统治武平和防卫广东蕉岭，形成共守北大门，就派了一个旅驻在武平，称第二旅，旅长严应鱼，因当时交通不便，部队转移时，当官的坐轿骑马，当兵的跑步。在此期间，严应鱼着手续建，修路、架桥，强迫老百姓派工参加修路。那时，测量也没有什么仪器，就是靠目测，边开边测，开石山少量的用土硝爆破，大部分靠手工操作，搬土填方靠肩挑，又干了几个月，修通了这条有四米左右宽的马路，当年通了车，那个时候只有一部货车。

到了1935年（民国24年），岩前成立了民航行车公司，汽车发展到有五六部了，车型有两种，是美国的福特牌和雪弗兰，都是木炭车，在五六部汽车中，客车、货车各有两三部，由于车型老旧，又是木炭车，加之公路没有铺路面，坡度大，质量差，汽车上坡要用三角板边垫边走，打滑、陷车、翻车等事故是经常发生的。

武平交通枢纽十方墟的来历

蓝耀文

现在的十方墟，过去原是一片坟墓垒垒的荒岗。岗西头有一古庵，称"西湖寺"，庵里曾供神佛数十尊。1930 年，去神佛，设学校，名"十方小学"，十方联保处也曾设在里面。

1931 年前后，这里接通粤梅公路，在三岔路口开始有了三两处卖零食的小茅棚。1934 年，公路开始通车。为筹建市场，这里分别于 1932 年和 1944 年先后成立"市场建筑委员会"和"增建市场委员会"。先是在公路两旁建筑商店两百多间，接着又于后岗增建民房和商店数百间。1944 年前后开墟场，定三、六、九为墟日，延续至今。从此"西湖寺"便称"西湖市"。往后，又改名为"十方墟"，一直沿用至今。

现在的十方，已成为闽、粤、赣边的交通枢纽以及全县集市贸易的重点市场了。

南昌起义军从武平进入江西路线

钟春林

1927 年间朱德指挥留守三河坝，钳制敌人的南昌起义军二十五师和九军一部与敌黄绍竑的部队打了一个大仗。起义军虽然打得很艰苦，但已重创了敌人，起义军没有依托，站不住脚，部队受到很大的损失。朱德率部撤退到饶平，得到起义军主力失利的消息，接应了汕头退下来的部队，总共两千五六百人。这时与起义军总部周恩来等人失去了联系，留下来的最高领导人，就是第九军副军长朱德。这支部队，在朱德、陈毅的率领下，就调头向北打，经平和、永定、上杭到达闽粤赣边三省接合部——武平县。

起义军向西北转移，一路急行军，进入武平象洞。在水口，前锋部队受到反动民团冯梅章匪徒的阻击，后续部队一赶到就进行了反击。从水口把民团追至文庙打了一仗，打死敌人五六个，团匪被打得落花流水，弃尸溃逃，往上杭方向去了。

朱德率起义军在象洞打败民团后，宿营在文庙附近。这时，象洞的穷苦农民亲眼看到起义军在战斗中击毙了土霸练文熙。这支纪律严明的军队还在文庙一带的祠堂写了革命标语。宏远学校教员、洋贝农会负责人练宝桢和农会中的积极分子与朱德副军长取得了联系，就为之通风报信，使起义军明了哪家是地主，哪个是大恶霸，从而没收了个别地主的一些财产，补充了给养。同时，初步了解到武平的一些情况。从此，象洞人民看到了一支革命的武装力量。

朱德率起义军从象洞向西北转移，经十方，于 10 月 16 日到达武平县城，但很快被敌人发觉了。敌黄绍竑一个师尾追而来，

17日追至武平城关，起义军设下战场。在城关的共产党员和县农民协会筹备处的委员同朱德取得联系，帮助筹备军饷，指点城防设施和周围地理情况。朱德指挥部队，在城南甘露亭以外山头，与敌人激战两昼夜，打退了敌人两个团的进攻。第三日，上杭孔庆辉民团从北门攻来，起义军腹背受敌，不得不撤离县城。朱德命令一个排占领武平城西门外的山头，掩护大队转移。敌人进入武平城后，追出西门，遭起义军迎头痛击，又退回城里去了。留守西门掩护转移的一个排完成任务后，立即紧跟大队行进。粟裕也在撤出武平城的战斗中负了伤。

　　朱德率起义军由武平向西北走20里，来到石径岭，在这里斩关夺隘，打了一场恶仗，突围北上。这里都是悬崖峭壁，山脉由武夷山南麓的吊云寨横亘而来，高耸入云，一条盘旋而上的千余级台阶，像一架云梯，打通江西要道，险峻可扼。这条"三省通衢闽粤赣"的必由之路，有一个隘口，隘口处有一登云亭。亭前高涧潺潺流，行人无不喝个痛快。亭中有一副对联"石径有尘风自扫，云梯无跻月恒开。"正是："目极阑干路八千"。石径岭风景迷人，但却被妄图阻击起义军前进的民团何四妹团匪占据了。这时，朱德突然出现在队前，他一面镇定地指挥部队疏散隐蔽，一面亲自带领几个警卫人员，从长满灌木的悬崖峭壁攀登而上，出其不意地从敌人侧后发起进攻，民团头目何四妹当场被击毙，敌兵惊恐"神兵从天降"，纷纷逃命。部队通过朱德亲自杀开的这条血路时，他威武地站在一块石壁上，手里掂着驳壳枪，指挥后续部队胜利通过隘口。

　　朱德指挥起义军在武平城关设下战场，迎头痛击追踪而来的敌人。虽然在武平城北门山上和南门沙坝起义军战士牺牲十余人，但经守护在南门的起义军数次反击，仅这处就打死打伤敌人100多人。这是南昌起义军在潮汕失利后，第一次在武平战场取得战斗的胜利。

随后，在武平党组织派出的向导引路下，朱德率部队撤离县城，夺取石径岭隘口，迅速经东留进入赣南山区，摆脱了国民党反动军队和民团的追兵。后来，这支部队在朱德、陈毅的率领下，上了井冈山和毛泽东领导的秋收起义部队胜利会师。

红四军入闽第一村和第一站

钟春林

毛泽东率领秋收起义部队上了井冈山，创建了革命根据地。不久，朱德、陈毅率领南昌起义军一部和湘南农军，来到井冈山和毛泽东会师，会师后，蒋介石立即指令湘赣军阀对井冈山根据地连续进行"会剿"。两次"会剿"遭到失败后，蒋介石仍然不甘心，再次纠集人马进行第三次"会剿"。为了粉碎敌人的阴谋，解决井冈山根据地给养问题和兵员不足等困难，扩大红色区域；毛泽东、朱德、陈毅指挥红四军主力 3600 余人（二十八团、三十一团、特务营和军机关）撤离井冈山，留下红五军及四军 32 团坚守，于 1929 年 1 月 14 日向赣南出击。

红四军是根据 1 月 4 日至 6 日前委召集的边界联席会议决定行动的。这次会议由毛泽东主持，会议号召积极行动起来，坚持内部的团结，领导群众根除不积极的态度，防止放弃边界避免斗争的倾向，具体计划是"五军及四军一部守山，四军向赣南发展或冲赣州或吉安"。红四军挺进赣南，迂回敌后打击敌人，目的是减轻敌人对井冈山的压力，然后与守山部队内外夹攻，粉碎"会剿"，恢复根据地，这是完全正确的。但是，红四军下山后，蒋介石急调李文彬、刘士毅两个旅和各县保安团前堵后追，妄图一举歼灭红军主力。红军一下山就屡遭挫折，兵员没有增加，反而损失 600 多人。为了甩掉尾追的敌人，红四军越打越远，军情发生了极其重大的变化，再也没有回到井冈山，而在赣南、闽西扎下了根。

1 月 20 日，红四军刚占领江西大余县城，就仓促与敌李文彬部应战，不利，被迫向梅岭山区撤退。这支没有棉衣、不少人还打着赤脚的部队，初春，南方山区气候依然寒冷，又遇连绵阴雨，淋得浑身透湿，冻得手脚僵硬冰凉。由于连日长途跋涉，又在崎岖的山间小路行军，每天除了赶七八十里甚至上百里路，还要对付敌人的袭击骚扰，部队根本得不到休整。2月1日傍晚，部队赶到寻乌的吉潭圳下村。3日，部队驻在南雄的乌径圩，因没有发现敌情，于是就地宿营。不料，4日凌晨，部队突然遭到赣敌独立第七师刘士毅部两个团的袭击。林彪指挥警戒部队作战，在敌人进攻时抵抗不力，致使军部和军直属部队受到损失，朱德险遭不测。在毛泽东、朱德、陈毅、伍仲豪的指挥下，部队终于冲出包围，整个部队除战斗减员还有2500多人。在赣敌重兵跟踪、军情突发严重变化的危急情况下，红四军前委在罗福嶂做出决定：放弃在三省交界地区建立游击根据地的打算，为了隐蔽我军实力，扩大政治影响，将团、营、连番号改为纵队、支队和大队。这天下午，红四军沿闽赣边界向北，进入福建省武平县黄沙（今民主乡高书村）。

武平县民主乡（原和平区）地处闽粤赣三省交界的崇山峻岭中。"一脚踏三省""鸡鸣三省闻"。由于连年战乱，兵祸不断，当地群众饱受战乱之苦，极惧怕军队，谈兵色变，闻兵速逃。红四军入闽第一村——黄沙——那天是腊月25日，正是百姓入年界的日子，家家户户忙着炸煎叛，做年糕，闻有大军过境，不少群众顾不得收拾家什，慌忙弃家上山躲藏，红军抵达黄沙时一片冷清。然而，红军是宣传队，是播种机。2月4日上午10点左右，在当地农民协会积极配合下，红军在黄沙赖屋祠堂召集留下未走的群众，宣讲共产党的主张和红军宗旨，张贴和书写"扩大红军，注意捉杀白军探子！""反对国民政府，反对帝国主义瓜分中国！""实行土地革命！"红军万岁！"等标语和"红军宗旨，民权革命，帮助工农，唯一责任……打倒列强，人人高兴，打倒军阀，除恶务尽……"的布告。毛泽东、朱德、陈毅等红军领导带着警卫员深入农家民舍，登门看望未走的群众，和蔼地和百姓交谈，告知红军是穷人的军队，不会扰民，动员他们去喊回躲藏的家人和邻居。为尽快打消群众顾虑，取得群众信任，红四军前委、军部下达命令：红军一律不进住户不在的民宅，确需借用物品必须经群众允许，原物归还时需付给租金，前委还派出小分队在周围村庄书写标语，广泛开展宣传活动。

红军于2月4日下午从黄沙出发，途径横奋茶亭时，遭遇钟文才民团伏击。先头部队措手不及，尔后红军大部队六挺机枪猛射，前卫连一个猛冲，将敌击溃，歼敌20多人，红军战士光荣牺牲十多人，伤十多人。战斗刚结束就下起了雨，据当地老人传说，雨水和血水流到很远，血腥味三里路外都能闻到。当地群众将红军战士在茶亭后掩埋。其茶亭柱子上，留有红军第三纵队（三十一团前身）指导员的题字，内容为："横奋横奋，使我悲愤，痛恨敌军，乘我不备，遭敌伏击；死伤兄弟，握紧双拳，心中流泪，他日遭遇，定还十倍。"当日，经水尾，折回江西吴畲村宿营。

2月5日（农历十二月二十六日）天亮时，红四军从吴畲出发，冒着寒风细雨，进入武平县龙溪，下午4时抵达东留。刚好逢上圩天，红四军指战员利用各种形式，宣讲红军宗旨和共产党的主张，号召穷苦大众起来打倒土豪劣绅，第一次在闽西张贴《红军第四军司令部布告》。同时还书写革命标语，广泛开展宣讲活动。当晚，红四军宿营于东留圩。

6日凌晨3时许，红四军经封侯、大阳，越过闽赣交界的黄沙岽向江西省河头急速行军。

1929年2月24日，中共福建省委给中央的《关于朱毛红军行动及省委对武平、长汀、上杭的指示》中说，红四军下山入闽，吓得"武平城人心惶惶……县长私带十余名警兵逃到象洞去，大吹红军快要来的消息，借以恐吓郭凤鸣部来敷衍他的筹饷筹款工作"。

红四军首次入闽第一村——黄沙；第一站是武平东留，时间是 2 月 5 日。红四军主力从壬田出发，13 日晨和敌接火。歼灭 2000 余个敌人，击毙国民党福建省防军第二混成旅旅长郭凤鸣，14 日下午胜利进入汀州城。在长汀，红四军获得入闽首捷的重大胜利。

红四军进入武平的红色线路

钟春林

一

1929年1月4日，朱德、毛泽东和陈毅率红四军主力离开井冈山，向赣南出击。

2月5日（农历十二月二十六日），天亮时，朱德率红四军从江西吴畲出发，冒着寒风细雨，进入武平县龙溪，下午经沙公排，4时抵达东留圩，适逢腊月二十六日圩天，红四军指战员利用各种形式，宣讲红军宗旨和共产党的主张，号召穷苦大众起来打倒土豪劣绅，宣传彻底分配土地的革命道理，第一次在闽西张贴《红军第四军司令部布告》。红四军宿营东留圩。朱德军长下命令：红军一律不住在有人居住而无人在家的民房，借东西原物归还，付给租金，大部队住大溪岸边大树底下。

6日凌晨3时许，红军经封侯、大阳，越过闽赣交界的黄沙岽，向江西河头急速行军。

红四军第三纵队于1929年10月7日，在武东、城厢、十方、上坑等地农民赤卫队、游击队、暴动队的紧密配合下，直取武平县城。红四军一进县城，司令部设于考棚。在红军的指导帮助下，中共武平县委机关进城办公。接着全县中共党员代表大会和工农兵代表大会相继召开。

二

红四军党的第八次代表大会在上杭城召开后，根据党中央的指示去东江作战。1929 年 10 月 19 日，一纵队由象洞进梅县的松源。同日，三纵队从武平城进攻岩前的钟绍葵民团。20 日，朱德率军部和前委由上杭城移驻象洞，住在罗家祠，并召开了有关会议。当晚，粟裕在宏远学校给象洞的中共党员上课。

21 日，朱德副军长在象洞沾阳的溪坝子召开 1000 多人的群众大会。武平县苏主席练宝桢致欢迎辞，妇女干部温香连代表妇女讲话。朱军长在大会上讲国内外形势，号召贫苦农民武装起来，深入开展土地革命斗争。会后，朱德领红四军战士把从上杭城带来的麻饼分发给群众，每人一筒。22 日凌晨，红四军从象洞开往广东时，成千群众涌上墟头、路旁欢送。

25 日，红四军攻克梅县，由于敌强我弱，孤军无援，红军撤退，后又再攻，精锐损失大，招致失败的困境。正值东江失利之际，陈毅带着党中央的"九月来信"，回到红四军和朱德一起率部离开东江地区。于 11 月 15 日，从广东平远差干进入武平下坝的蕉头坝。16 日进武所宿营，分兵发动群众，建立乡苏维埃政权。后经武平城厢凹坑、十方、陈埔、中间塘等地，沿路宣传，发动群众。然后，到上杭千家时，在官庄召开红四军前委扩大会议。

三

1930 年 6 月 1 日，红四军主力从寻邬剑溪跨越闽赣边境峻岭十二排，进入武平和平的岭下，先头部队在溪头圩（今民主村）神坛角击溃了妄图阻击红军的钟文才保商队。红军某部在高梧寨上曾留下一首墙头诗记载道："共产时节有田分，古田出发到江西，行到坡下打一仗，缴到枪支千把支。缴到枪支千把支，发给工农当红军，工农发展打反动，打倒反动无人欺。"

6 月 2 日，红四军与从江西另一路入武的红六军某部会合攻克武所城。起初双方还误会对阵，后因红四军的重机枪一响，红六军才知是自己的军队（当时只有正规军才有重机枪）。此一举动把驻武所城的吴德隆民团吓得屁滚尿流，急忙由白露滩夺路逃往中赤、下坝。红军占城后，红六军留武所、和平等地活动，红四军主力进军武平县城。

红四军抵达附城丰口后，兵分三路：一路经中央坝由南门进城；一路经画眉坑、甘露亭进东门围北门；一路经晓楼村、亭子岗把守西门，形成一个大包围圈。可盘踞县城的钟绍葵救乡团和民团武装闻风丧胆，早于前夜就离城往岩前去，红军未发一枪一弹就攻占了武平县城。

毛泽东率前委驻梁山书院，朱德随军部驻考棚，陈毅与政治部驻三官堂。随后，毛泽东、朱德、陈毅等率红四军在县城四周分兵达一星期之久，开展了一系列的活动。

在此期间，红四军党部还发布了《中国共产党红军第四军军党部宣言》，宣传了共产党的"十大政纲"。

红四军主力结束在武平的活动后，8日，红四军在南门坝举行全县赤卫队检阅大会，朱德亲临大会讲话，号召武平的劳苦大众团结起来完成土地革命。会后，朱军长率红四军主力离开县城经东岗，越过天马寨下的牛轭岭（今尧禄村），经袁畲、中堡、抵上杭官庄。毛泽东随带警卫连经城厢忠田铺到十方前往南阳，筹备红四军前委与闽西特委联席会议。朱德、陈毅率红四军大部经迥龙，直抵汀州城，是月下旬成立红一军团。

四

1932年2月18日，红十二军三十六师先行进入武北地区。于2月23日分三路进攻县城，午前与钟绍葵接火，缴战两小时，敌人完全被击溃。26 日，我军向上杭城挺进，敌闻风而逃，上杭城为我军占领。3 月 17 日，红十二军和武平独立团击溃岩前福佛庵钟绍葵部，取得了重大胜利。由此，武平的土地革命掀起了更新的高潮，处于鼎盛时期。

1932 年 6 月，红军东路军指挥部和红四军从漳州回师赣南，途经武平苏区武北小澜时，适逢小澜河百年未遇的特大洪水，河水猛涨，桥垮受阻，红军部队无法过河。在这紧急关头，下河西民众自愿拿出民船、竹筏、门板、木材等，动员一切可以动员的力量，帮助红军不误时机地战胜洪水，安全渡过了小河。因战事紧急，红军过河后即离开小澜。红四军一部由湘坑而来，在大禾天灯下民房楼上观察民团土楼的红一军团红四军军长王良，被敌发现，子弹从窗口射进来，一警卫员首先中弹，在旁的政治委员罗瑞卿一边去拉王良，一边喊："危险"，可话音未落第二颗子弹已击中王良的头部，王良不幸牺牲。噩耗传出，大禾民众异常气愤，红军奉命围攻大禾村，毛泽东和红军领导人考虑到，如激战、轰炸土楼，会伤害更多无辜百姓，即命炮兵有目标的炸去土楼一角后，移师赣南。

山高水长路光明

——记通往中央苏区的一条红色交通线

钟春林

1929 年 8 月 24 日，中共闽西特委在致武平县委的信中指出："……现在特委蜡纸没有了，一切工作都要停顿下来……你们须赶快专人到梅县买到蜡纸送来，以应特委急需。"特委的口气不容置疑，武平县委必须尽快建立到松源、松口，直至梅县的交通据点。中共武平县第一次代表大会为此在"政治决议案"中作出决定："象洞区委应注意联系松口工作，在象洞与松口之间，沿途发展党的组织，以便利交通，为武平最大的工作之一。"

1931 年秋，武平县委白区工作部长练灿华（又名练玉辉）委派象洞区委宣传部部长陈仲平到广东梅县松源中学以读书为掩护，开展革命活动，以形成一条从松口、松源通往中央苏区的红色交通线。陈仲平到松源后，首先发起组织秘密的读书会——"澎湃社"，后又吸收校内外先进分子入党，建立了党支部。

1933 年冬天，中学教师、共产党员王建良到汕头医牙，在太原牙科医院认识了在越南被反动当局赶出来后到该院当杂工的李班（即李碧山，闽粤赣边党的主要领导人，越南的国际共产主义战士，中国人民的亲密朋友。1946 年 7 月回越南，曾任越南共产党候补中央委员和外贸部副部长，1981 年 9 月 30 日逝世）。他们接触多了，彼此产生信任并公开了自己的政治面目。李要求到红色首都瑞金去，王建良说，可以打听到关系。王出院时，就把他带到松源，住在自己的家里，并由陈仲平向武平县委汇报，得到县委同意后，护送他到中央苏区。

　　1934 年 2 月 18 日，天刚蒙蒙亮时，王建良（到赤区改名王彪），补鞋工人王文湘（到赤区改名王作郎），由陈仲平领路，一行三人，从松源迈开了向红都瑞金进发的不平常的步伐。

　　正月初五日，春寒料峭。他们一行在天黑前顺利到了象洞洋贝村。他们个个忘记长途跋涉的疲劳，带着兴奋愉快的心情，住在既是同学又是地下党员的练万金家。象洞是个老苏区，这里的穷苦百姓人人心向共产党。

　　初九日，夜幕降临，天色一片灰蒙，李班一行随练灿华和武南游击队由象洞芹寨出发，沿汀江河两岸、爬山涉水，经杭武交界湖洋、武东、中堡、官庄，穿过桃溪火夹域，到了武平县苏驻地小澜。看到苏区喜人而又忙碌的景象，李班深有感慨地称这次行动是山高水长路光明。他们住了三天，尽情地呼吸着苏区的新鲜空气。武平县委、县苏维埃政府和红军的主要领导人不知李班是什么地方人，团县委书记张友白还以为他可能是法国人或者德国人，因为李班会讲中国普通话也会说潮汕话和客家话，还会法语和德语。

　　3 月初，一行人到达瑞金，李班被安排在中央党校学习，由陈潭秋和何叔衡恢复了他的党籍，后来又被安排到中华全国总工会工作。王建良则分在中央教育部工作（后在中央苏区牺牲），王文湘经过短时间学习奉命回本地（后在归途被捕后牺牲）。

　　3 月中旬，张友白到了象洞上登迳，在接头户、党支部书记张扬子家住了三天后，到松源桥下客店住下，还没来得及与地下党的陈仲平接头，就获悉罗荣标经十方来象洞时叛变了，为了不被他发觉联络点，危害内部同志，张友白急忙离开松源回武北苏区。

　　4 月下旬，松源地下党员王芝祥（即王华，离休前为广东省江门市机械厂党委书记）也请求到中央苏区。按照陈仲平的部署，他们同行的几个人都挑着苏区紧缺的药材和食盐等物资秘密上路。在象洞，人高马大的练玉辉告诉了李班一行进苏区的情况，大家听了都感到兴奋。

王芝祥一行夜行日宿，沿着这条开往中央苏区的交通线，终于到达了红色首都瑞金。在这里陈云接见了王芝祥并询问了一些情况。安排工作后，他们一行向西南行百多里到达会昌城附近中央粤赣省委所在地，分别向省委书记刘晓和白区工作部长张汉珊汇报了情况。

这条从松口、松源到象洞沿汀江河西岸北上至长汀、瑞金，直到会昌的路，是跨越闽粤赣三省的一条红色交通线。1934 年 10 月中央红军主力长征前这条路从没间断，而且一直受到主持白区工作的中央领导陈云的关注重视。通过这条交通线，陈仲平多次收到红色信件，接到许多好消息和上级党组织的指示。即使在中央主力红军长征、苏区失陷、中共武平县委遭到破坏后，松源党支部在失去和上级党组织联系的情况下，仍坚持在交通线上秘密活动，为闽粤赣边坚持三年游击战、抗日战争和解放战争做出了应有的贡献。

纵贯闽粤赣边陲的地下红色交通线

刘永泰

第二次国内革命战争时期，中共地下红色交通线路，纵贯闽粤赣三省，横跨武平、寻邬、会昌、平远、蕉岭五县，全长约 200 里，山高水长，分水陆两段。水路，以下坝为枢纽。下坝墟隶属韩江上游，是闽粤赣边来往香港、广州、潮汕进入闽西赣南中央苏区的一个联络站，其地理位置非常重要。下坝河水路上大多为民船，便于隐蔽，河两岸绿树成荫，峭壁林立，敌人不易靠近和巡守。据老红军谢毕真同志回忆录《鸿爪》和老人邱成礼回忆，共产党领导的中央苏区和海陆丰游击队以及后来的闽粤赣边纵队主要在（上）杭武（平）蕉（岭）梅（县）地区开展革命活动，共产党要员往来大多走这条秘密水上交通线。下坝水上红色交通线对中国革命作出了巨大贡献，在中央红军五次反"围剿"战斗中，从政治上、军事上、交通上密切配合中央红军在主战场作战。下坝河水路畅通，上可与武所（中山）、武平县城通船，因此，有众多领导干部是从下坝墟水上红色交通线安全进入中央苏区的，并运送了大批食盐、药品和紧缺的民用军用物资。下坝水路下通蕉岭、平远，据当地资料记载，1929 年 11 月至 1930 年 5 月底，中国工农红军在毛泽东、朱德、陈毅率领下三次进军平远，两度驻扎仁居，下坝水上红色交通线曾为平远多次运送大米、黄豆、茶油等物资，使平远成为中央苏区的"南部屏障"，发挥着"红色港湾"的作用。

陆路红色交通线，以东留镇杨祖仙红色据点为轴心。杨祖仙位于大联村的深山密林中，以香火旺盛的杨祖仙师的寺庙而冠名。土地革命时期，它是油心地乡苏、银坑乡苏、大联乡苏的成立之地，县苏、东留区苏也曾在此办公。此地风光旖旎，四周长畲里、狗岭礤、虾蟆塘、马头山都红成一片，是一个理想的红色秘密聚会点。它下连中山、下坝，上接江西寻邬、会昌。这条红色交通线的全程如下：

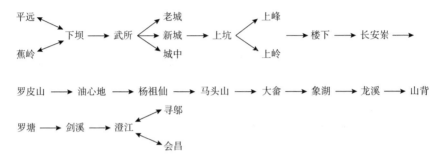

　　这条红色交通线建立和存在的时间为：1930 年至 1934 年红军长征前，中断一段时间后，至闽粤赣边纵队、杭武蕉梅县委开展革命活动时又恢复，前后长达 8 年之久。

　　这条红色交通线，路路驳驳的接头户、接头人，一是刘氏梓叔赤胆忠心为革命的可靠之人；二是乡苏主席；三是白皮红心者。

　　这条红色交通线的接头方式，是交通员内衣藏有用 5 片竹叶缝制而成的"五角星"（☆），这是接头暗号。交通员每到一个接头户处，只要一亮出这个暗号，双方都知道是自己人，接头户见此暗号后，就会保障交通员的安全和安排食宿以及提供下一接头户的绝密情况。到达终点站完成任务后，中央红军领导会用一颗红丹果加嵌在原"五角星"的中央为暗号，其形状为"✭"，以此密码作为回执。

　　红色交通员，责任重大，使命神圣。党组织精挑细选政治上绝对可靠、行动上机智勇敢、生活上吃苦耐劳久经考验的人来担当。江西陈一、武平梁心田、油心地何贵章、上坑赖清湖等都曾是这条红色交通线上的优秀交通员。

　　这条红色交通线的主要任务和职责是：迅速传递情报与信息，

秘密运送人员和物资。

在这条红色交通线，红色交通员多次出色地完成了党交给的神圣使命，冒着生命危险完成了光荣而又艰巨的任务，为中国革命的胜利做出了重要的贡献。

毛泽东、朱德、陈毅率红四军曾三次挺进武平，播撒革命火种，开展武装斗争，建立红色政权，其革命宗旨、战略部署、挺进时间路线等，就是通过这条红色交通线来传递的。因而在相应时间内爆发了震惊武平历史的象洞、上坑、小澜三次农民武装暴动，有力地配合了红四军三进武平。

1932 年 7 月，由中共会昌中心县委书记邓小平领导，分区司令员原军事部长钟亚庆直接指挥的东留大阳桥歼击战取得大捷的壮举，也是由这条红色交通线来传送情报的。当时，钟绍葵纠集当地民团150 多人向大阳大举进攻。中共大阳支部派出交通员，星夜兼程，身缝用竹叶做成的"五角星"，从杨祖仙出发，经马头山—大畲—江西罗塘—剑溪—寻乌，向县委书记古柏、会昌中心县委书记邓小平汇报了这一军情。邓小平与江西省军区第三作战分区领导研究后，立即派出钟亚庆司令员，吕赤水、游端轩正副参谋长带领部队，诱敌深入，两面包抄，在大阳桥上发起猛烈攻击，使敌前后遭受夹击，夺路而逃的敌军跳落河中，死的死，伤的伤，不到半小时就结束了战斗。缴获敌枪支 17 条、子弹 3000 多发、敌死 17 人、伤无数。当地民谣称："钟打钟，钟打钟（指钟亚庆、钟绍葵），小钟打大钟，大钟败小钟。"

从 1930 年开始，国民党政府不但在军事上大肆"围剿"中央苏区，而且进行残酷的经济封锁。国民党广东省和福建省政府都制定了对苏区进行经济封锁的有关办法和规定，对食盐、药品和洋油等实行政府专卖，对武器弹药更是严密控制，并规定特别严厉的法令，凡查获私运者，以"通匪"罪论，处以极刑。国民党武平县县长林系文在广东军阀严应鱼的支持下，制定了供应民用食盐的土政策，规定每人每月供应 2～3 两食盐，发给每户"供应证"，群众买盐必须凭"供应证"才能买到定量，实行计口授盐。严应鱼还在下坝山头上筑了五座碉堡，曰"五马落槽"，严密注视动向。由于敌人的封锁，中央苏区红军断盐时日已久，有些战士得了缺盐症——黄肿病。红色交通线上食盐告急！为粉碎国民党反动派的封锁，武所区太平乡、瓜子坪乡苏组织了以吴国炳、危仰雄为首的 20 余人的"运盐敢死队"。为运盐，这支"敢死队"多次与严应鱼部发生激战，该敢死队机智灵活，屡战屡胜，声威大震。这支"敢死队"既有国民党政府的"通行证"，又有赤色苏区的出入证，暗中还受红色武装的保护，所以"敢死队"为中央苏区运送了不少食盐和药品。1930 年 6 月，毛泽东、朱德、陈毅率红四军主力再进武平。为狠狠打击控盐股匪，毛泽东派出小分队扮作挑夫，专程前往下坝捕捉拦路抢劫坑害群众的匪首，"运盐敢死队"队员主动当向导，利用会讲军家话的优势，与敌匪用军家话对话，诱骗 12 名敌盐匪至香樟湾处，不废一枪一弹，缴了盐匪的枪，尔后押往万安，当众惩办，就地执行枪决，人心大快。

为冲破国民党对我苏区食盐的禁运，武平人民千方百计，运用各种方式，历尽各种艰难，不分白天黑夜，不顾生命安危，将食盐运往江西中央苏区。如：有的妇女以上山割芦箕为名，把竹杠溜空竹节，内装食盐，混出关卡。又如，有的妇女借挑粪为名，在尿桶里最底层放草木灰，灰上面放芋荷叶，放入食盐，食盐上面放油纸，最上层倒入人粪，从而混出关卡，再由赤卫队员挑运上江西。通过这些方式，武平人民为支援中央苏区和中央红军做出了贡献。

古道山歌

（34 首）

山歌唔唱心唔开，
大路唔行生青苔，
画眉来寻鹦鹉聊，
唱出心里快乐来。

　　　（桃汛收集）

走路唔知路远近，
过河唔知水浅深，
哥爱交情难开口，
唔知妹子有么心？

　（选自《武平歌谣集》内部版）

山歌爱唱下坝墟，
𠊎唔唱来姮唔谛。
自古以来咳大路，
可下广东上江西。

　　　（罗炳星收集）

上别岽子下别窝，
拗把树叶妹贴坐，
问妹交情肯唔肯，
唔声唔句肯较多。

　　　（王麟瑞收集）

好花开在对门山，
山又高来路又弯，
琵琶挂在云端上，
琴声虽好难得弹。

　　　（昭荣收集）

上岽唔得岽头开，
蒸酒唔得酒酿来，
连妹唔得妹倒口，
妹一倒口心花开。

　　　（王麟瑞收集）

△上别岭子转横排，
跌别手巾同花鞋，
跌别花鞋还较得，
跌别手巾郎会骂。

　　　（王麟瑞收集）

高山顶上一枝梅，
紧望紧等哥唔来，
岭岗行哩变大路，
石子踩哩变尘灰。

　　　（高天宝收集）

岭岗崇上做学堂，
石子砌路瓦盖墙，
哥哥读书望高中，
妹子连哥望情长。

（选自《武平歌谣集》内部版）

上段崇子过横排，
你要相交讲过来，
交情交到九十九，
行路唔得坐轿来。

（选自《武平歌谣集》内部版）

上了高岗过横排，
阿哥手里拿双鞋，
跌毕一只妹捡到，
日后寻双会寻偓。

（王星华收集）

上了高岗过横排，
跌毕扇子跌毕鞋，
跌毕鞋来还过河，
跌毕扇子热死偓。

（王星华收集）

高栋坪上矮栋坪，
难逢难遇共路行，
大树头下聊一阵，

旱田见水禾就生。

（王星华收集）

上了高岗过横排
肚饥嘴渴脚又赖，
只贪老妹情义好，
打轿请偓也唔来。

（王星华收集）

△新做担竿三尺三，
送给阿哥上门岭，
保佑阿哥赚到钱，
老妹等到石径岭。

（王麟瑞收集）

远看偓妹路上来，
唔高唔矮好身材，
两朵红云盖面颊，
赛过芙蓉出水来。

（罗炳星收集）

哥哩出门要来归，
不厌岭高路又岖，
不厌岭高路又远，
有钱冇钱要来归。

（春浩收集）

郎子武平妹梅县，

有情唔怕千里远，

情丝牵来当路过，

银簪贴哥当盘钱。

（选自《武平歌谣集》内部版）

满岭芦箕路难寻，

只有声音唔见人，

总望阿妹应一句，

免𠊎情哥满岭寻。

　　　（罗炳星收集）

有路唔行爬山岗，

有肉唔食食白汤，

软床毛毯𠊎唔睡，

情愿同郎硬板床。

　　　（星星收集）

千思量来万思量，

思量妹子路头长，

思量妹子路头远，

行断脚骨饿断肠。

　　　（星星收集）

八月十五看月光，

看到鲤鱼腾水上，

鲤鱼唔怕长江水，

连妹唔怕路头长。

　　　（罗炳星收集）

有米煮粥莫嫌鲜，

只怕有米断火烟，

有情唔怕路头远，

冇情枉为屋相连。

　　　（春华收集）

男人有志走四方，

唔学泥鳅钻湖洋，

鲤鱼唔怕长江水，

连妹唔怕路头长。

　　　（邱清元收集）

哥哥出门去南洋，

越走越远越思量，

日思𠊎哥行长路，

夜思𠊎哥少年郎。

石子砌路丁丁岖，

哥哥出门哪时归？

一日当得年般久，

哪得年头到年尾？

（选自《武平歌谣集》内部版）

郎在西来妹在东，
爱想见面路难通，
妹变黄莺郎变鹊，
半天云里来相逢。

（天兰收集）

行路莫行路边沿，
别人爱妻莫去连，
挣到铜钱讨一个，
石板搭桥万万年。

（选自《武平歌谣集》内部版）

县城岩前快百里，
朝晨行到日落西，
总爱两人情意好，
唔怕行穿脚底皮。

（星星收集）

送妹送到大路边，
情哥情妹把手牵，
情哥情妹来做伴，
唔怕老虎出山巅。

（何照远、梁玉清收集）

石头砌路一掌平，
阿妹怜哥同哥行，
指望同哥一起聊，
指望同哥一路行。

（林永芳收集）

砍树莫到大路边，
路过几多嫩娇莲，
目送娇莲阵阵过，
害俚砍树砍唔断。

（钟春林收集）

行路莫行大路边，
路边花草惹人连，
细心挑选摘一朵，
当作老妹在面前。

（钟春林收集）

山歌唔唱心唔开，
大路唔走长青苔，
脚踏青苔溜溜滑，
妹唔约哥哥唔来。

（陈龙连收集）

注：以上山歌除有"△"符号外，均选自《武平客家山歌选集》。

古道诗选

信宿十方

民国·丘复

五载经营地转移，芟荆斩棘在人为。

十方散处炊烟合，三路交叉辙迹驰。

东道客来欣有主，西湖寺古剩遗基。

往来信宿鸡鸣候，已是车①声辘辘时。

摘自丘复《南武赘谭》

武平南乡山中作

清·林其年

石色泉光向背分，相子举步踏春曛。

忽当万行不知路，廻顾四山纯是云。

绝顶行谁衣袂白，斜阳递与药苗芬。

何如决策编茅住，检校华阳箧底文。

摘自丘复《南武赘谭》

石径云梯

王　銮

云梯削壁若书空，卓绝巍峨势独雄。

---

① 车——指独轮车。

寒影回超千嶂外，高悬多被白云濛。

昼含雾雨看长润，夜透星河望不穷。

南去北来人不断，遥看浑似画图中。

檎 岭

邓 恒

曲曲盘盘阻且长，东回西转绕羊肠。

八十世路多艰险，过客何劳说太行。

檀 岭

峻级陡崔巍，遐瞩连空碧。

弥望郁萧森，灌莽被砰砢。

樛枝拂云根，层崖透山骨。

中林多古檀，可以荫行客。

春至露梢青，秋来霜叶赤。

重此轃轪材，干霄蔽天日。

匠石未许寻，斧柯焉敢伐？

怀哉《魏风》篇，君子惭素食。

千载挹清标，伊人渺难即。

幸不置河干，高山守奇节。

山行即事

李梦苡

几重山外路，数里画中行。

古树穿亭出，枯藤抱石生。

媚人花欲笑，啮水石能鸣。

未倦游人眼，松间月已明。

金鸡岭

盘空缘石磴，乘晓度金鸡。

初日悬青嶂，朝云覆绿溪。

陡然一峰起，直压万山低。

欲并仙霞险，闽关控岭西。

鸳鸯岭松声

欲识松风胜，鸳鸯十里程。

浮天皆水调，撼地作涛声。

路异钱塘出，人同画舫行。

个中思洗耳，细辨卧龙鸣。

古道对联

员上汀南下车且歇

地归武北勒马暂停

作者：（民国）刘美福，存于湘店乡湘湖村员地茶亭

收集人：刘亦农　蓝伟文

北望中原　烟火万家开象洞

南驱山路　云霞廿里达蛟塘

作者：佚名，存于象洞镇沾阳至太山间的六一茶亭

收集人：蓝伟文　谢胜汉

行客往来东道便

山村管钥北门严

作者：佚名，曾存于湘店乡湘湖村八角茶亭

收集人：刘亦农　蓝伟文

武所（中山镇）旧时的路灯　李国潮 摄

古桥春秋

悠悠的古桥

武平是地处闽、粤、赣边的一个纯客家县。全县年平均降雨量1848毫米，流域面积大于50平方公里的溪河有17条，分属梅江、汀江、赣江三个水系。为了耕作、出行、商贸的便利、便捷、安全，桥自然就成了关乎国计民生的一件大事。

据清康熙三十八年（1699）重纂的《武平县志》载，时在县城和附近建造的永久性桥梁，计有东门桥（即今的彩虹桥之所）、九龙桥等7座永久性桥梁，分散在县域内各乡村的永久性桥梁有31座，共计38座桥梁。其中有14座是家族烝尝或个人独资，大部分由个人捐资建造的。又据民国30年（1941）编修的《武平县志》记载，将原在清康熙年间的38座桥梁统计在内，相隔242年后，全县仅增加40座永久性桥梁，其中由家族烝尝或个人独资捐建或大部分由个人捐资的有17座。这些寥若晨星的桥梁，对于总面积达2368平方公里，域内溪河密布，沟壑纵横的低山丘陵县来说，显然是无法满足人们出行需要的。从康熙和民国的《武平县志》中的记载来看，这些桥梁又都坐落在官道、驿道和通往域内建制规模较大、经济比较发达的乡镇。后据笔者查找有关史料，访问当地耆宿和一些先前从事商贸流通的人士，皆称不论康熙县志还是直至1983年新修的县志，其统计的永久性桥梁的座数遗漏实在太多，甚至在官道和主要驿道上的桥梁（特别是已废弃或毁圮的）遗漏也不少。至于通向山区乡镇、山区村庄的桥梁，不论是公建还是捐建的，均大多未予统计，这些大大小小的桥梁，不论是公建还是捐建，在选址时都颇费心机，择其要点，反复斟酌，充分体现了先人的智慧和愿景；给桥的命名，亦蕴含了深厚的文化底蕴。在建桥过程中，克服许许多多令人无法想象的困难和险阻。展现了先人敢于战胜困难的勇气和智慧，特别是家族忝尝和个人捐建的桥梁，都是经过他们多年的铢积寸累，节衣缩食，最后为了家族的繁荣昌盛，为了闾坊梓叔的耕作以及出行和商贸的便利、便捷、安全，他们慷慨捐资，甚至倾囊而尽。当地的百姓，对建桥也十分热心。他们把建桥、护桥和修桥视为积功积德、护佑子孙的大事。凡建桥需要的木料、石材，他们都尽其所有。在建桥或修桥中，如果用上了谁捐献的财物，谁就会感到无限的自豪和荣光，并获得众人的敬慕。如无财物可捐的人，也要在建桥或修桥的人群中，挤上去帮上几天，心里才觉得安宁踏实。为了桥的兴建或修护，各宗族还设立"桥会"，并置有田产，在宗族内选一德高望重、廉洁公正的人负责桥会的一切收支，每年定期公布收支情况。

由于"桥"在客家人心目中的崇高地位，在客家村庄中，凡稍大一点的桥梁附近均设一神龛，奉祀桥神（或称"伯公"）。凡外出经商、求学、从官返家时，未进家门之前，要在桥神前先双手合十鞠躬或焚香一炷；凡新娘要过桥前，必由媒婆（即"踏煞"者）先向桥神禀告，以求平安康泰；凡有人去世，棺柩过桥之前，要在桥头插上三张白纸、些许纸钱和三品不点燃的香枝。更有众多的父母，将自己生的儿女带（抱）到桥前，献上三牲，点燃香烛，举行简朴的仪式，后把子女"过继"给桥神。此后便以"桥古""桥妹"等带"桥"字的称呼。众多的史料可以证实，往往因为兴建了一座桥梁，不但方便了当地村民的生产生活，还带动了一方经济、文化的繁荣。但统计桥梁时，许多在人们心目中无比崇高却又平凡的桥梁，成了一个被人遗忘的角落，成为一件挥之不去的憾事。随着时间的推移，岁月的沧桑，亟须弄清楚古桥的数量、建造的地点、桥梁的作用，特别是由个人捐建的桥梁的原委，建桥的地点、年代，这对了解历史上人口的居住、迁徙，经济发展的变化，留住乡愁，弘扬善德等方面有巨大的作用，这却又不是一件易事。

本县古代桥梁，大概可分为五种。

一曰石拱桥。一般用方形条石砌成拱，视溪河宽窄设计几拱，上铺以砖石成桥。其中桥上又架以房屋形状，称为荫桥或廊桥。

二曰石板桥。用巨大条石铺于溪河之上。一般用三块条石，中间为大，两边为小。此桥仅见比较狭窄的溪河。

三曰木板桥。此种桥梁在古代比较普遍。因造桥技术容易且造价较低而被普遍应用。其造法是以天字桥脚梁深立于地下的实土上，上铺以方木桥板，桥板之间再辅以铁链连接，防止桥板被洪水冲走。

四曰跳石。此过溪法姑称为桥。由于山涧溪河众多，无法处处架桥。民间便发明了一种简易沟通两岸的办法。即择表面平整的大石，隔一步或半步铺于溪河之中，中供流水泄洪，石板则供人步行通过。

五曰藤桥。在水深溪（河）宽的地方，用一种特别耐久的野生藤，编织成大绳，在大绳的间隙处铺上木板，供人畜来往。

现据清康熙三十八年重纂、民国三十年编的《武平县志》，择其要者概述于后。

东安桥：县东二十步。生员李汝楠等重建，清雍正二年（1724）毁于火，丘墟数年，岁贡李崯率族人鼎建。此桥屋高敞，迭废迭修，皆由李族修葺。

九龙桥：县前一里南安溪上，今易为石桥［按：南城门中竖有南安石桥碑，为明天启三年徐文沂撰，建于明万历三十一年（1603），疑即此桥］。然废坏既久，不知何年。

太平桥：县东丰顺平里，宋宝祐间改名登云，寻毁。明天顺间（1457～1465年）阅知县袁曼修。此桥虽久废，仍曰为平川八景之一——"平桥翠柳"。

登龙桥：县南一里，明万历间知县丁考生议创，至明崇祯二年

（1629），知县巢之梁造完，明末寇毁，今墩尚存。所称明末之寇，即隆武二年（1646），所民王道一义不降清，率众攻城，毁此桥。查此桥与上九龙桥疑为一桥。后商会主席募款万余金。兴工建筑未完。石墩久已无存，仅存左岸码头。

青云桥：旧名迎恩桥，县南三里。明天顺间知县袁曼创。邑人王琼重修。

万福桥：即青湖桥，在县南六里。寿民锺廷才建。当为溪东三桥之一。

黄麖桥：县东 15 里，今圮。

盈科桥：县南 15 里，邑人锺孝建。

祥凤桥：旧志不载所在地。东城门中竖有建筑祥凤石桥碑，为万历三十二年（1604）立，当即今翔凤桥地。

通济桥：千户所（今中山）。即今永安石桥。

济川桥：县南 15 里，邑人锺天爵、锺廷才、锺廷凤、陈昊、周舍吉、锺应坰、锺世启创筑。

阴骘桥：在武所旧城西。

仁济桥：水仙公馆，郡丞熊茂松建。

五福桥：县南 30 里西瓜园，邑人锺宗祚建。

化龙桥：县南 30 里。

金鸡桥：去县 20 余里。

当峰桥：路通永平寨，修仁礼、李玫等建。

赖坊桥：县东 50 里。即高梧地带。

双湖桥：县北 120 里。

望仙桥：县治 5 里。

连陂桥：归郡里，石、蓝二姓建。

横坑桥：归郡里，民石尚珣创建。

黄连桥：县南 10 里。

黄溪桥：县南 10 里。

马鞍桥：县东 2 里。后易为石桥。

东门桥：县东南安溪上。

车阑桥：归郡里，圮后易小桥。今易为石桥。

宏济桥：县南 10 里蓝塘，后毁圮。

南安桥：县南 80 里，均庆寺前，毁于寇。

过龙桥：在武所城北。

太平桥：在所城西。舒容炳、周文珂、舒泰建等创建。

步云桥：金鸡岭下。

万方桥：县北 5 里。后圮毁。

大阳桥：武举李应才、李绅建桥。此桥迭有废兴，嗣经乡人募建屋桥，工程浩大。

兴龙桥：县南，往来要津。原为九龙渡，因山水势盈涸靡常，竞渡维艰，署县赵良生倡捐建，于北造店四楹，收租备官修之用，详载林际章《碑记》。碑竖南城门中西畔，又东畔有天启三年南安石桥碑。旧志有九龙桥、登龙桥，今皆不可考。旧志为赵所修，故自叙特详。

悦旅石桥：县西 20 里黄坊乡荫桥。邑人锺颖灵建石墩三座。此桥迭有兴废。

苏畲石桥：县西 40 里，锺颖灵等建。

翔凤石桥：县东门外。旧有祥风桥，清光绪三年（1878）坏于水，十三年邑绅锺传益募捐改造，易以石版，为石墩八，石拱七，工程浩大。每拱传益书四言韶语刻于石。

马鞍石桥：旧作县东 2 里，县东 3 里，民国 5 年（1916）募建石桥，邑人陈仲英为之记，石碑树于桥畔。

黄溪石桥：县南 10 里，旧有桥，公建。

鱼溪石桥：万安乡，通北区。

永安石桥：武所通济门外，旧有桥圮，清邑绅王穆堂捐资重建。后石墩破坏，其孙玉瑚等复捐资重建，落成于道光十年（1830），工程坚固。

信江石桥：在白鹭滩，庠生徐行泰建，刘天达助成之。

树德石桥：武所城北门外，锤镂汤募修。

深溪石桥：武所5里，通长安洞，名长安桥，清季上坑丘清章募建，同乡潘克庆出巨资助成之。

回鸠石桥：王泽民建。

半径水口（窑上蟠龙）石桥。

悦旅石桥；东留黄坊水口，旧桥久圮，后由高姓重建，又坏，清末募捐修复。

东留石墩木桥；乡人何行茂建。

小溪石桥：武所通东留孔道，明崇祯中建。

六甲九连石桥：在武东六甲。

陈坑石墩桥：在武东陈坑。

高坊石桥：上堡林渭若募建。

车阑石桥：中堡远坑，旧桥久圮。清嘉庆（1796～1819年）中，知县邓鹿耕、汪树滋重建。光绪中又圮，里人石寿禄修复一新。

平安桥：下坝荷树凹，为平远坑旧桥，镇平、平远、武平"三平"人民往来之路。清光绪三十二年（1906），工部主事镇平丘逢甲取"平安"二字名之，并手书平安桥。

万成屋桥：中赤水口。乡人刘康士建。

万春石桥：黄沙坑口。亦刘康士建。

壮行石桥：樟坑水口。中赤乡人童应苍建。

梅峰拱桥：在下梅峰。中赤乡人童世冲建。

成德石桥：高梧界水口。

猪妈桥：高梧黄柏村。

阜安石桥：岩前城西。民国后募建，由里人曾泽霖督造。

通广桥：岩前西郊。里人锺幹千建，孙敷清修复。

靖远桥：旧桥破后，里人练伍贤倡议修复，邀众集会为基金。

永赖石桥：岩前李坊锺劻、锺承纹创建。石桥十余丈，阔三丈，规模宏壮。

三井拱桥：周岐生建。

平等桥：象洞光彩村南，工程浩大。

古隘桥：象洞水口。先是乡人李文范捐千金，建桥水口；因洪水冲圮，练映梧募捐重建；再被冲坏，更修复之。

寿仁桥：光彩乡北，乡人谢廷辅创建。

长排桥：康熙中林声韵等建。

长安石桥：在青径。中正乡人廖日昇募建。

鼎新拱桥：在中正区。里人王廷桢创建。

小澜村藤桥：何时建架，无考。1984 年，在原先架编藤桥的位置，改架建一座铁索桥，长 86 米，宽 1.2 米，桥面离河床 3.5 米，上铺木板行人。是全县仅有公建的一座铁索桥。

　　按：各乡桥梁所在有很多，记不胜记；兹据采访所得，工程较大者记之，以见邑民之好义。又据象洞采访册，有谢法远建拱桥四座，未注明桥名地址，无可登载。姑附于此。

　　　　　　　　　　　　　　　　　　（罗炳星收集整理）

武所永安桥

林善珂

　　永安桥位于今中山镇镇治所在地，全长 133 米，宽 3.7 米，高 4 米，船形墩，七墩八拱，拱跨 10.9 米，为福建全省之最。桥身全用花岗岩条石砌成，南北走向。此桥是古武所城通济门往县城的唯一交通要道，修于何年代无考，据传曾几建几毁，仅清朝道光元年以前有记载的就坍塌过两次。清朝道光年间，邑绅王穆堂捐资重建，后又被洪水冲毁石拱若干。王穆堂夫人八十寿诞时，嘱后辈不做寿设宴，把已筹集用于做寿的钱改作修桥。后辈们遵嘱，于道光八年（1828）动工，将原木桥改为石拱桥，且吸取以往教训，把桥修得特别坚固，于道光十年（1830）竣工，并在六个桥拱两面镶嵌"母命继志"的石匾，两个桥拱上两面勒石"永安桥"。共耗白银二万余两（折合银元约 2.8 万枚）。清光绪九年（1883）和民国时期均由王殿臣后裔出资重修。自此该桥至今仍安然无恙。

清康熙年间修建的中山新城永安桥　李国潮 摄

沧海桑田，历史几经兴毁，永安桥仍傲立武溪，成为古镇一大风景。该桥横跨武溪河，有如一条彩虹，映影于武溪河的碧波荡漾之中。它是传奇式的武平千户所的见证者，青山环绕，武溪奔流，塔伴夕照，阡陌如畴，把这一边陲重镇风光装点得如诗如画。

这永安桥也有许多传说故事。一说因过桥的人、车拥挤，故常有人、车翻落桥下的事故发生，但均未发生死亡或重伤的现象，成为历史之谜。或说也可能桥下河面水深流缓，人、车掉落不易伤亡。民国30年（1941）由穆堂公房梓叔捐款新建石桥护栏。二说桥下洗衣妇女皆立于水中面向河岸洗衣，也是一个奇特现象。盖因古代武溪河沿岸森林茂密，常有猛兽蛰伏其间，且常有袭击河边洗衣妇女之事发生，故后来洗衣妇们吸取教训，洗衣时皆面向河岸，以便及时发现来袭野兽，沿传下来成为一种习惯而已。

此桥已于2005年确认为省级文物保护单位。

永安桥旧史再考

张成桂

据军家谱载，通济桥与武所新城同时修建，其旧址在烈士墓背后，现仍可辨通济桥址遗迹。

先前因乌溪源水流量大，故该桥虽多次修筑，仍遭洪水冲垮。据《乌溪方舆志》载："究其通济桥常遭洪害之因：河床窄，暴洪时泄水不及所造成。"该志早有预言："重建时必须勘测上游河面宽处，请师设计堵阻小泄水量大为妥。"至明嘉靖三十九年孟冬，时任地方官的邬添球、邬添衢兄弟决心将此桥的颓者植之，圮者葺之，缺者补之，终告完竣此桥。之后此桥成为通汀、漳军御要道。武平县城王氏家族乃书香门第，爵禄世家，良好风范感染后裔，绅士王雍吕、王雍雁后昆王穆堂等首先捐资重建此大桥，选址改在新城北角河床宽处，建时广探名师，从浙江余暨（今萧山）聘来号称恒永大石师，及江西横峰（今兴安）名稷安师傅。两位大师碰头，原来是十余年未见面的师徒巧逢，深感惊喜，但又忧虑，一个工程两个大师施工，究竟以谁为主？经与东家三方洽商决定，各承建整桥一半，恒永师傅负责东片四拱，稷安承建西片四拱，第四中墩共基脚各厥拱，中间留一伸缩缝双方不吻接，不但可用于夏涨冬缩之差距，且确保一方不测，另一方不受牵连。在桥竣工后验收结果，东四拱不愧大师所建，一线笔直，西四拱毕竟是徒弟所建，方圆总有些亏矩欠规。

此桥虽已砌好七墩八拱，未知何因，桥面仍未铺成，只好以杉木铺桥面，供来往者通行。

之后，王穆堂大院雇来一个美貌妙龄廖氏婢女。有一次，一群孩童爬上建宅院的木材堆上趣耍，廖氏婢女凑坐在大"栋樑树"上，恰巧被主人王穆堂看到，生气地训责她说："你这丫头不懂妇道纲常，胆敢跨骑栋梁大木？多不体统，更不吉利！"廖氏从容回答说："将相之家，状元探花也会出我胯下。"王听到她吉言，心中喜悦，就未再做声了。廖氏成年后容貌端庄，聪颖灵敏，理智超人，东家让她管理生活常务，下人就呼她叫"常富"。王穆堂决意把廖氏留与孙子王阙秀为妾，后廖氏生了八个儿子，成为王府富家福婆。廖夫人岁值八旬时，诚愿将做寿资金献出，将大桥铺面，命儿子王启图、王启口兄弟全权负责（注：当时未筑桥栏）。

此时施主认为，桥已移，名亦改。经集思广益，决定在承建两位师傅名字中各取末尾一字曰"永安桥"。为铭记母命铺竣桥面，故曰"母命继志"，并刻塑青麻石横披嵌厥于桥额，以示后人。

笔者经实地丈量：桥长133米，宽3.7米，墩宽2.9米，拱孔12.5米，此永安桥高巍傲立，清秀美观，墩脚小减少阻水，拱圈孔宽，泄水量大，再也不受暴洪遭害，实为罕见。此桥建成后，还流传着一个真实故事：昔时桥面因无桥栏，曾经发生多例人或牛等不慎坠落桥下事件，却从未有损伤死亡。当地人说："永安桥，永安桥，永安之名真吉兆，人畜坠落永无亡，神韦占福安永无愁。"

现永安桥已被列为省级重点文物保护单位。

永安桥建造情况的说明

王燮元　王耀元等

偶读《文史资料》1996 年 2 月（总第十四期），悬镜所写《永安大桥》一文，我俩认为作者缺乏调查研究，与历史事实不符。

我们是王穆堂（号殿臣）的后裔、王接秀的玄孙，趁武平县向省呈报永安桥为省级文物保护单位的机会，澄清一些历史事实是责无旁贷、义不容辞的，以还建桥历史的真实面目，以免种种谬误以讹传讹。

一　悬镜文中有多处和历史事实不相符

其一，第 147 页第 2 行"落成于清道光八年（1828）"，据殿臣公家谱所载，永安桥应是清道光八年（1828）年动工，历经两年，于清道光十年（1830）竣工落成。

其二，同页第 7 行"光绪十年（1884）当王穆堂夫人八十大寿时，嘱咐后辈不设宴做寿，把钱重修此桥"。据殿臣公家谱所载，穆堂公夫妇均出生于清康熙年间、卒于清乾隆年间，应是王穆堂孙媳廖太夫人，道光八年（1828）五旬荣庆，嘱十子（王启图兄弟），以祝寿资金用来重建武所永安石桥，继承穆堂公捐资建永安石桥志，于道光十年（1830）庚寅岁落成，事迹载入县志。

其三，同页倒数第 5 行"邑绅王启图兄弟秉承母命，将其祝寿金捐献与武所民众合资修建"。据王殿臣家传，子孙遵廖太夫人慈命，全家如愿包揽承建永安桥工程，从未向社会上募捐，民国 30 年（1941）穆堂公房梓叔捐款新建护栏时，王家谢绝武所商家捐资，居住中山的穆堂公后裔恭升、华升、葵升、芹升四兄弟捐白银一千毫。

二　县博物馆调查考证核实

武平县博物馆李世俊先生，深入永安桥实地考察核实拍照，多次召开王殿臣公后裔座谈会，查阅家谱，深入细致调查研究，收集翔实可靠资料，武平县人民政府在 2004 年 6 月 28 日做出"关于申报中山镇永安桥为第六批省级文物保护单位的报告"向上呈文。现摘录如下。

1. 简介

永安桥位于武平县中山镇新城村。始建年代不详，清康熙邑绅王穆堂捐资重建。原木桥，清道光年毁。后王穆堂曾孙王启图兄弟秉承母命，将其母祝寿礼金捐作建桥资金，于清道光八年（1828）动工重建，道光十年（1830）竣工。清光绪九年（1883）重修。全部采用花岗岩砌成。桥南北走向，全长 133 米，宽 3.7 米。船形墩，七墩八拱，拱跨 10.9 米，矢高 4 米。西侧桥墩上依桥墩形状砌三角形桥堡、连桥头堡共计 5 个，供行人、车辆交会避让之用。2 个桥拱两面镶嵌"永安桥"石匾，6 个桥拱两面嵌镶"母命继志"石匾。石匾镌刻建造时间"道光戊子仲秋之吉"，重修时间"光绪癸未年"及建造者姓名。

1941 年，王穆堂后裔捐资新建大桥护墙。

2. 价值评定

（1）永安桥的价值首先体现在它的石刻纪年，明确的纪年和有文字可考。

（2）永安桥乃福建省西部第一长的古石桥。该桥的两墩之间的跨距（10.9 米）为全省之最，为研究福建省清代建桥技术发展提供了珍贵的实物资料。

（3）永安桥横跨东留小溪河、中山上坑河汇合处的下方，这里水大流急、淤泥松软、水文地质复杂，造桥工程浩大。当时造桥费共耗去二万两白银（折合光洋约 2.8 万枚）。

（4）永安桥建筑雄伟壮观，横跨在中山镇武溪河上，远眺像道彩虹。170 多年来，人畜车马穿梭往来十分安全，从未发生过重大事故，群众流转着"永安永安，永久平安"的吉祥民谣。

（5）永安桥自清康熙、道光年间重建及清光绪、民国两次重大维修，均为武平城关西门王氏殿臣祖孙连续几代人出资。除此之外，他们还建有帽村卧龙桥、县城考棚、西门享堂、西门牌坊等。他们这样慷慨好义、乐善好施、热心公益的精神，也正是现在爱国主义教育所倡导的。

总之，永安桥这座清代石构建筑，有着极高的历史价值、科学价值和艺术价值，体现了深刻的历史文化内涵。

（编者按：武所永安桥已于 2005 年 5 月确认为省级重点文物保护单位，该文物系武平县第一个获省级保护单位）

鲤鱼跳龙门

——记东留大阳桥景观

邱银光

大阳桥在东留乡大阳村，它架造于大阳、泥洋、南坊等几个行政村的交通要道处，这里还西通江西。桥建于何时、何人创建，今已无可考查。但从大阳桥名与大阳村名合二为一，可见其桥史之悠久。

大阳桥系风雨桥，客话叫"荫桥"。桥长39米，宽4米，高6米。木石结构，是木构梁架屋桥，东西走向。桥墩为条石堆砌而成，二墩三孔，桥梁为大杉作枕木，两层纵横迭架于石墩上。跨梁条木上面平铺厚木板作桥面。两旁竖多根木柱（北边36条，南边40条）支撑着瓦桷屋顶，单檐歇山顶高出屋面。两边沿用薄木板镶钉桥屋壁。紧靠桥屋壁横架着平衡木样儿的靠梁板凳，让行人坐着小憩乘凉。《重造大阳桥记》中说："斯桥也可以蔽风雨，可以代舟楫"，真是方便行人。

清代修建的东留大阳村大阳桥　李国潮　摄

桥名大阳，其意何在？据《重造大阳桥记》中写道："夫桥名大阳……寓意何在？大阳（太阳）之被覆者广，而因以名之者见无穷之广济乎？"总之，前人未详，后人只能猜想了。

现在的大阳桥，是清咸丰七年（1857）重建的。它是武平县重点文物保护单位。桥头悬挂着一副对联，曰："大块文章浮水面，阳春烟景锁桥头。"这是取意李白《春夜宴从弟桃花园序》"况阳春召我以烟景，大块假我以文章"的句子。

这里的大块（大自然），确实给人们一个很好的景观，这就是有名的"鲤鱼跳龙门"。大阳桥前面，溪之中流水面上，有块长巨石，形状酷似鲤鱼，朝向桥洞，逆水而跃，真是越看越像。桥的后面浅水之上又有一石状似龙虾戏水。好像龙虾看见鲤鱼上前来了，便出来迎接。似乎鱼虾同在水中，情同手足，状若具有人间温情。

说起鲤鱼跳龙门，还有其神话典故呢。龙门在哪里？龙门即禹门口，在山西河津县西北和陕西韩城县东北。黄河至此，两岸峭壁对峙，形如阙门，故名。据传说，凡敢跳龙门的金鲤，便有风伯壮威，雨师助阵，雷公呐喊，熊熊天火烧掉其尾，从而变为乌龙，直上天庭。后来人们就鲤鱼跳龙门的典故，比喻鹏程万里，平步青云。

再上去便是新建的一座空腔式拱桥，是公路桥，如今车辆都在这拱桥上通过。拱桥弧洞映影在溪中，似长虹卧波。

桥的西侧有一座华光神庙，民谣曰："华光华光，赤脚毛黄，头戴三叉，眼有三光"，观其塑像是如此。神龛两旁有副联云："三目三光光德泽，五通五显显威灵。"

从联文中可以看出，这里叫作华光菩萨，实即五通五显公，也称五圣。据说他是旧社会我国南方（一说不限于南方）乡村中供奉的神道。本是兄弟五人，故有称五圣。唐末已有香火，庙号"五通"，宋徽宗大观年间赐额曰"灵顺"。宋代由侯加封至王。因为封号第一字为"显"，故又称"五显公"。民间传说，"五圣"是凶神。

良民何必去拜凶神呢，是客家人"看到菩萨乱烧香"吗？

　　大阳桥集长虹卧波、龙虾戏水、鲤鱼跳龙门、华光神诸景于一地，真成"大块文章"了。

　　现在，东留大阳桥已批准为武平县重点保护文物。

东留镇大阳村大阳桥侧影　李国潮 摄

东安桥旧貌

李永荣

现武平县县政府门口通向东大街的公路与来自城北片的水道相交的地方，从前有座美丽壮观的荫桥，叫"东安桥"。

东安桥始建于明朝中叶，公元 1567～1620 年间，由生员李汝楠首倡捐金，率领李氏族人鼎建。1724 年毁于火灾，丘墟数载。1735 年又由明经进士李仑、邑庠生李学海等倡捐百金，余则由李氏族人共襄厥成，费数百金。工兴于 1735 年春，而竣于秋。事载县志。当时署武平县陈畴九，对李仑等热心公益极为称赞，特奖"彩虹著绩"一匾，并撰《重建东安桥碑记》。碑记说："……县治之东安桥，乃城北之通衢口，桥之上有楼阁亭宇，蜿蜒环抱，恍若助山川之钟灵……"这就说明这座桥不但在交通上为来往之要道，对县城风景名胜，也是增色不少。

该桥全长 29.90 米，宽 16.63 米，落地柱 40 根，还有未落地的楼上柱，约 30 根。桥面平铺大石板，整齐平滑。屋顶横列三大楹，蓝排如案。中栋二层楼，高度 9.83 米，东、西两栋均为平房，高各 8.33 米。桥上有神庙四间，商店五间，座南向北。中宫面前，为回廊客厅，左、右两间，为鼓乐亭。桥下有石拱一孔，石拱没有像桥那么宽，只有 10 米左右，余用木枕加板拱托。桥上的回廊厅、鼓乐亭和中宫定光殿座下部分，都是木枕和木板拱托起来的，其余部分都是实地。

桥下流水潺潺，桥上楼阁巍峨。父老兄弟，出作入息，咸会于斯，莫不彬彬焉而有礼貌，煦煦焉互相问候。则斯桥又为农民兄弟劳动之余讨论生产、联系情谊的好地方。

自从1735年以后，二百多年间桥上如有损坏，“蛇形祠堂”的蒸尝即拨款修葺，维持斯桥于不朽。

1743年重九之日，李楠、李圮曾题诗歌咏东安长桥。

李楠诗云：

绵亘逶迤驾长虹，楼台丹口玉栏通。
富平津上勤杯斝，更有升仙乘驷脱。

李圮和原韵诗云：

几时天上下长虹，万里风云一间通。
愿得题桥司马志，杏花楼外跨青脱。

在1902年至1911年之间，有光绪壬寅补行庚子辛丑、恩正并科举人李靖黎，曾在楼上最高层北窗题有“如日之升”“中流砥柱”等字。南窗题有“气象堂皇”“俯瞰平川”等字。

1938年12月20日，里人李建侯，感到李仑等倡捐重建东安桥，厥功甚伟，特作诗颂之。诗曰：

“彩虹著绩”镇东安，砥柱中流挽碧澜；
鼎力倡修成美荫，宗祠且作锦屏看。

桥上财神庙前，有楹联一副，联首切“财神”二字。联文虽含迷信思想，但也有教育乡民要在各勤正业的基础上搞富财经，在重视精神文明的原则下，争取衣丰食足的意思。今录之如下：

财是养元合坊中务读务农务商贾各勤正业；
神能佑我通境内有衣有食有文明共沐鸿恩。

1961年，因原桥不便车辆来往，把它拆掉了。拆后三个月，武平县东安桥列为省级重点文物保护单位。但是桥已被拆，吾侪唯剩叹惜。大约在 1976 年，桥下木拱部分下陷，"县革委会"拨款改建，将木拱改为水泥钢筋，保留石拱，桥面改用水泥平铺，两边加砌矮墙挡护。现在大型汽车可以通行无阻了。

县城东门大桥

——翔凤桥的变迁

蓝耀文

穿过武平县城区的平川河，古代叫作"化龙溪"一名"南安溪"。横跨化龙溪两岸，古时候就建造有多座桥梁；在康熙《武平县志》记载可查的就有九龙桥、太平桥、登龙桥、青云桥等。其中最古老的，恐怕就是太平桥了。这里风景秀丽，两岸垂柳如烟，是"平桥翠柳"的所在地，乃武平八景之一。它建造在宋代以前，宋宝祐年间（1253～1258年）曾改名"登云桥"。可惜这些桥梁后来都已毁坏，到了现代已经找不到它们的踪迹了。唯一有踪迹可寻的，只有坐落在东门坝的东门大桥（即安祥桥，又名翔凤桥），但它往日的历史亦鲜为人知。兹将东门大桥变迁情况，略叙于后。

县城东门大桥　曾炳文 摄

20世纪中期建的县城东门大桥（照片由县档案馆提供）

　　东门大桥原名安祥桥，始建于明万历三十二年（1604），是县城闹市人们过往的主要交通要道，离现在已近四百年之久。它原用木质舆梁结构，后因日久毁坏，在清道光、咸丰年间由城关人锺传益带头集资给予修复。清光绪三年（1877），此桥又被洪水冲毁。十年之后，再由当地人士发动城乡群众，集资重建了一座六墩七拱的石拱桥，改称"翔凤桥"，该桥落成时，商请当地名士在桥拱中间题写桥名，并分别于两边六处石拱上题写横批，文曰："翔凤桥尝，木造舆梁，今更为石，资集城乡，行人利济，永固苞桑。"由于此桥乃来往交通要道，题词又十分醒目，为县人广泛传诵。相传凡武平县人士外出，同乡相见时，往往以这翔凤桥石拱上题词相问询。如果答不出六道桥拱上所题横批，就会被讥笑为不是武平籍人士。由此足见此桥在当时的知名度和它的重要性。

县城"中心桥"溯源

传　斌

1981 年 10 月建成一座平川河上的新桥，位于县城中南部往来要津，因它的位置是在东门大桥和南门大桥的中间，群众称之为"中心桥"。

平川河古时水势浩大，可通航，此处有一渡口，叫"九龙渡"，船行经中山、下坝，可达广东潮州府。古时水路贸易甚盛，从武平出口及转运（即从江西贩运来的物资经武平转运到广东，或从广东贩运来的物资转运至江西）的物资有：竹木、土纸、茶叶、粮食、牛、烟叶、夏布等；从广东运回的物资有盐、布匹、手工业品等。水运成本较低，有利于促进闽、粤、赣三省的经济联系，调剂三省物资的有无，极大地丰富和改善了三省人民的生活。这条水路在古代还有政治、军事的意义，这里就不多谈了。

随着时代的变迁和物候的变化，到了明朝后期，平川河丰水期水流量很大，枯水期则大为减弱，给航运带来很大的困难。但武平县城人口较密集，此处是人民往来的要津，如无通桥，给人民的生产、生活造成不便。为此，明万历二十七年（1599）前后，知县沈之鉴修建了"九龙桥"，此桥给群众带来生产、生活的便利自不待说，但寿命不长，至清顺治三年（1646），武所民王道一义不降清，率各乡民众攻县城时，毁掉了此桥。

旧桥既毁，乃建新桥。康熙三十七年（1698）"在县南往来要津，原为九龙渡，因山水势，盈涸靡常，舟渡维艰，署县事赵良生倡捐建桥，于北造店四楹，收租以备官修之用"。此桥名叫"兴龙桥"，此桥何时、何因被毁，旧志未详。我推测，有以下三种可能。

一是被洪水冲毁。光绪十三年（1887），县城东门祥凤桥，洪水冲破。县南之兴龙桥可能在所难免。二是毁于地震。民国7年（1918）正月初三午后，地震有声，倒塌房屋。如此强烈的地震，可能波及桥梁。三是毁于战乱。此桥建成后，武平县历较大的战乱有：咸丰七年（1857）五月初六日，太平军石国宗部攻陷县城，男女死者数千人。咸丰十年（1860），太平军花旗股攻陷县城。同治三年（1864）九月十一日，太平军李世贤部林振阳、丁三洋等股攻陷县城。但这三次较大的战乱，志书并未提及毁桥之事。此桥何时何因而毁，仍不得而知。此桥毁后，河中仍有一大块高三米多、宽二米多的三合土块，可能就是此桥的遗物，今县城50岁以上的人大都有记忆。

兴龙桥毁后，此处就架设了较大的木桥，但经常被洪水冲垮，只好随坏随修，但对民众的往来甚为不便。1980年10月，武平县政府动工兴建此桥，1981年10月建成，名叫"中心桥"。现在桥上熙来攘往的人流、车流，蔚为壮观。

注：本文据《钦定古今图书集成·方舆编·职方典·汀州府部考》、《福建通志》、赵良生纂《武平县志》、丘复纂《武平县志》写成。

马 鞍 桥

李永荣

马鞍桥，位于东门大桥沿河上溯两公里处。1916 年以前，沿河两岸的滕里、鸡嫲寨下等村的群众，靠这座高大的木桥通过平川河。这座木桥命名为"马鞍桥"。

民国 5 年（1916），热心地方公益人士感到虽已建木桥，但犹不足，木桥常遭水毁，行人深感不便。于是有钟韵涛、钟慕曾、李药园等发起捐建石桥，并邀请沿河有关各乡村父老及县中热心公益人士集议募捐。在会上当众推钟韵涛任总理，钟慕曾任协理，李药园任购料兼督工。那时没有炸药爆石，砌脚的大石由农民们到赤岗、猪膏岭等处山沟里寻找，中者肩挑，大者扛抬。条石则请石匠师傅到武所长窖、陶金坑等处开凿，打好后扛到中山沿河堆放，由小木筏在中山河溯载到东门桥下起岸，再由劳力抬至马鞍桥。

清代修建的平川七坊马鞍桥　李国潮 摄

　　马鞍桥全长 32.60 米，面宽 3.30 米，桥高离水面 5.50 米，水深 1.50 米。桥的整体为四拱、三墩、二码头。

　　东边码头引桥长 5.10 米，横度最宽处 7.50 米，最狭处 6.20 米；西边码头引桥长 5.40 米，横度最宽处 6.50 米，最狭处 5.30 米。拱的跨度 7.20 米。拱孔与拱孔之间对着来水，建有一个三角形破水墩，墩上建有一个尖形的鹅公冠。鹅公冠突出处，离桥身 3.20 米，接桥处的鹅公尾，大约 2.30 米，鹅公冠最高处比桥面低 40 厘米，鹅公尾比桥面低 1 米。这个鹅公墩对保护桥身有很大的作用，洪水冲来，经过三角墩的破水作用，洪峰分为两边，在桥洞下一泻而出。

　　桥的四拱顶上，南、北两面各竖有横额一块，镌有题词，词曰："马鞍桥梁""利济康庄""天然巩固""盘石金汤"。在最后一块题词旁边，刻有"已未冬立"四个小字。"已未"就是民国 8 年（1919）的干支。这就说明此桥是在已未之冬完成的。

　　此桥现仍可通行大型载重汽车。

兄弟捐建万寿桥

由三角埔去汾水方向大约两公里的盈科桥水口高涧社下，有座横跨十多米宽小溪的砖砌拱桥，拱高3米，桥宽2米，桥长4米，造型美观，风景秀丽。400多年来，任凭风吹雨打，洪水冲刷，至今仍牢固地屹立在溪流上。此山区要道，自古以来，都是通往汾水、长居、中赤，去广东等地的必经之路。原来架设的木桥，常被大水冲走，影响通行。从县城乌石崟迁居黄溪的万锦和迁居汾水的万益，兄弟俩亲如手足，感情深厚，常逢圩日都要见面叙家常。逢上雨季，木桥常被洪水冲走，给过往行人带来不便，也影响兄弟见面。后来兄弟俩想办法，筹集资金，在高涧社下溪流上建一座砖拱桥，并命名为"万寿桥"。之后，又在桥头小山上建了一间小屋茶亭，添上炊具，兄弟俩在约定时间把食物分别从黄溪、汾水带到这里，边煮吃、边谈心，愉快度过相会之时。同时还煎煮茶水供来往人解渴。"万寿桥"的建成，既加强了兄弟间的联系，又方便了过往的群众，见证了兄弟情深和乐施公德的好品德。

（钟春林整理）

盈 科 桥

钟春林

　　盈科桥在城厢乡金桥村,古代又称高涧石下。相传一位上京赶考的书生看到高涧石下有三位美丽夫人在洗衣裳,并向他微笑致意,书生不为所动,祈祷保佑上京赶考能中举人,来年在这里建筑一座石拱桥,桥上施建楼式庙宇。后来,这位书生果然中了举人,就在这条古驿道高涧石下溪上建起了石拱桥,桥上建起了雕龙画凤的庙宇,并安放了三位楚楚动人、笑容满面的夫人金身塑像的菩萨,供乡间善男信女朝拜和过往行人进香,保佑他们平安,发财高升。在这里休闲乘凉的人见后无不笑口常开,故后人就把此桥称为盈科桥。明朝江都人、汀漳守备王廷臣有一首《盈科桥》,诗曰:

　　　　万顷陂塘傍竹轩,平添一水护重门。

　　　　旋看拨拨鱼玉魄,想见丝丝藻欲繁。

　　　　明月荡波留玉魄,白云摇影动风幡。

　　　　凭阑最喜尘襟涤,笑身渠头一问源。

　　还有王廷臣的另外咏《盈科桥》诗作也有很多引人入胜的诗句。如:

　　　　海国春初到,樵亭雨亦登。

　　　　灵孕湖山秀,阴晴总斗奇。

　　　　情牵烟水阔,梦绕薜萝长。

　　　　何时重载酒,烂醉菊花傍?

　　　　归途明望眼,火树一江红。

　　如今，公路贯通，庙已毁，石拱桥仍在。桥边建起了小学，设了金桥村部，百多亩"荡漾"的"湖光"水田，种植了各种农作物。

送 子 桥

佚　名

送子桥在万安五里村西北片的一条小河上，是武平县城去东留、江西筠门岭的必经之路。

过去，五里墩没人居住，河上也没有桥。山里人赶墟，送子女出外读书，只能脱掉长裤过河，十分艰辛、危险。

有一日，一个朱姓官人去东留走亲戚，路过此地，看到一个过河的老太太被洪水冲走，心里十分难过，心想，如果有一座桥，山里人出入方便安全，那该有多好啊！想来想去，突然叫轿夫掉头，轿夫便问："老爷为什么返回？"朱官人说，吾今已六十多岁，先后娶了四个老婆都未生孩子，再娶就更害人了，现想在这边造一石桥方便大家出入，积点功德。后来朱姓官人请来石匠师傅在这河面上砌造了一座石拱桥。第二年朱家的第四个小妾生了一个胖男娃，朱官人十分高兴，便叫人带上笔墨，在桥护栏两侧的中间位置题写"送子桥"三个大字。

送子桥，饱经数百年的风霜雨雪，至今依然如故。而朱官人施桥砌路的故事教育了一代又一代的五里村人民。

武平石拱桥

刘永泰

客家武平，桥如棋布，繁星闪烁。这也难怪，客家先民从中原几经迁徙，最后在闽粤赣边陲安家立业。逢山开路，遇水架桥，这是客家性格与精神使然。武平溪流交错，桥梁自然众多。有文字记载的乡间小桥就达200多座。"步石桥"（俗称跳石步）、木桥、竹桥、藤索桥等比比皆是。宋宝祐元年（1253）在化龙溪上建了太平桥，以后又先后建了登龙桥、永安桥、成德桥、东安桥、马鞍桥、悦旅桥、大阳桥等64座石拱桥。武平石拱桥，堪称客家桥梁之经典。

清朝修建的十方叶坑永丰桥　李国潮　摄

武平石拱桥形式优美。圆的桥洞、方的石块、弧的桥背，方、圆之间相处和谐、得体，力学的规律与美感的规律相融合。石拱桥犹如虹。古代神话里说，雨后彩虹是"人间天上的桥"，通过彩虹就能上天。中国的诗人爱把拱桥比作虹，说石拱桥是"卧龙""飞虹"，把水上拱桥形容为"长虹卧波"。"小桥流水人家"，固然具有文人墨客赞美客家的诗境之美，其实更偏于绘画的形式美：人家——房屋，那是块面；流水，那是长线、曲线，线与块组成了对比美；桥与流水相交，更富有形式上的变化，同时也是线与面之间的媒介，它是沟通线、面间形式转变的桥！

武平石拱桥结构坚固。它像历尽沧桑的老人弯腰驼背，承载着历史的重压，能几十年、几百年甚至上千年雄跨在河溪之上，经风历雨，在连接此山彼岸中发挥着纽带作用。

武平古石拱桥，现保存比较完好且颇具特色的有大阳桥、永安桥、成德桥、东安桥等。

清朝修建的城厢碟文陈禾坑桥　李国潮　摄

此外，还有两座桥颇具地域特色。一座是下坝松溪桥。该河发源于江西省寻乌县和福建省武平县民主乡的松溪河，流经武平县下坝乡毗邻的广东平远县差干镇，用麻条石砌筑而成，横亘于松溪河上。松溪桥全长59.2米，宽4.9米，高12米，两孔跨江，由邑绅募资兴建于清乾隆四十一年（1776）。该桥是"一脚踏两省，闽粤一家亲"的通商桥。另一座是东留镇背寨（昔称贝寨）村的"送子桥"，它一头连着江西，一头连着福建，被当地人誉为连心桥。

武平石拱桥，具有高超的建筑技术水平和不朽的艺术价值，充分显示了客家人民的勤劳、智慧和力量。武平富有建筑用的各种石料，便于就地取材，这为修造石桥提供了有利条件。客家石拱桥的设计施工，具有优良传统，能工巧匠众多，建成的桥，用料省、结构巧、拱度高。客家先民制作石料的工艺极其精巧，能把石料切成整块大石碑，还能把石块雕刻成各种形象。在建筑技术上有很多创造，在起重吊装方面更有意想不到的办法。每块条石足有三五百斤，全靠客家先民肩扛手提，有的石梁一块就达百十来吨，在没有起重机的古代，究竟是怎样安装上去的，笔者不得而知。

武平石拱桥坚固永安，彰显着客家先民的崇高道德和伟大精神。客家人积德行善，"施桥""砌路""做学堂"，是客家人祖祖辈辈千古承传的公德。兴建石拱桥，工程浩大，需耗费巨大的人力、物力、财力。然，翻阅史料方志，历朝历代官府拨款都甚微，客家人硬是谨遵祖训，施公德，有钱出钱，有物捐物，有力出力，同心合力，集腋成裘，"客家一条心，黄土变成金"。人心齐，古桥成。在武平建桥史上委实应该大书一笔。

城厢文溪桥桥洞　李国潮 摄

万安一座小有名气的石拱桥

谢观光

1913 年 11 月，江西麻州谢志超一行 10 人来武平万安认祖。当时他们说，据我祖公记忆，我们是福建武平万安的石桥湖迁去的。万安没有石桥湖的地名，只有下镇村的拱桥湖，不过小溪的拱桥是用花岗石块砌成的，旁边还有一座三块条石拼成的宽 1.2 米、长 5 米的大石桥，桥下一口池塘似的水湖，因侧旁小溪的石砌拱桥很有名气，故称此湖为拱桥湖，实为拱桥旁边的湖。

拱桥位于万安镇的上镇、下镇交界处，宽 3 米，长 5 米，石拱高 4 米，用花岗石砌成。一端接上镇，一端接下镇。在对接族谱时，我们证实了江西麻州的宗亲是在明代迁去的。也就是说，这拱桥在明代或明代之前就已建成，历史确实悠久。在万安镇的大小桥梁中，她与"送子桥"一样很有名气。因为这里是万安的中心地段，风景如画。石拱桥横跨在小溪上，桥畔有以水质良好著称的千年古井，有供行人小憩的木架凉亭，还有元代县尹魏侃夫栽种的四人才能环抱的大枫树。俯瞰桥下，潺潺溪水慢慢流淌，浣女身上洒满阳光，传出阵阵欢声笑语。远山近水尽收眼底，形成一道小桥、流水、人家的亮丽水彩风景线。

根据民间传说，形成石拱桥的名气主要有三个原因。

一、古时县尹魏侃夫在万安率众筑土城堡时，天天从这里经过到城里亲自指挥。魏侃夫勤政爱民、筑城防寇，保境宁民的传奇故事，确为这座拱桥增添了浓郁的色彩。

二、明代武平万安刘坊镇的谢茂清率兵从这桥上出发，与胡大海在清风山打败了方国珍，逼方国珍投降明太祖朱元璋，谢茂清立了大功。

三、此桥建在武平到汀州府的官道上（万安地域），是官吏、客商及文人到汀州府参加科举考试的必经之路，必过之桥，所以拱桥旁商贾云集、人口众多，昔时是万安集市的繁华地段。

桥因人而名，因镇而著。20 世纪 70 年代此桥引来了广东"挖窖"的古董客商，他们夜半三更把拱桥中间的石板翻开，弄走了一罐金银财宝。等万安人知道时，他们早已溜之大吉，只剩下银罐的痕迹。80 年代此桥因修路而拆，从此石拱桥被毁，失去了昔日的风貌，可惜也！

桂坑朝阳石拱桥

周文根

古时，武平县东留镇通往江西省会昌县筠门岭，必须经过桂坑村的朝阳石拱桥。据桥头石碑记载：朝阳桥建于清圣祖康熙1706年，距今已有300多年历史，该桥呈半椭圆形，全部用青光大理石打制成三角形石板干砌，没有用一点石灰浆，建成后结实坚固，历经几百年风雨，仍岿然不动。要不是人为拆除，可能至今还屹立在桂坑河上。

建造这座石拱桥，相传还有一个神奇的故事呢！几百年前的那个年代，桂坑、背寨、兰畲三个村连成一片，良田广阔，土地肥沃，山多林茂，算得上是个江南的鱼米之乡。每当早稻收割，谷子晒干后，会昌筠门岭、周田的老板都会雇船来此地收粮做生意，船能撑到桂坑村停泊。因当时桂坑的河里没有建石桥，河面上搭建的木板桥随时都有被洪水冲垮的可能，所以福建人要到江西筠门岭、周田等地赶集或经商做生意都要乘船摆渡，当地的百姓和过往客商都感到十分不便。

有一年端午节即将来临，按照当地客家人的风俗习惯，上年结婚的夫妻，端午节前，夫妻俩必须置办鸡、猪、鱼肉、酒和粽子等食品送往岳父母家，谓之送节。初三这天，家住桂坑盐业附近、上年刚结婚的王乐仁吃过早饭，夫妻俩高高兴兴地把备好的礼品送往筠门岭元兴墟老丈人家。来到渡口一看，因连日暴雨，桂坑河早已汪洋一片。岸上的人群越聚越多，都想早点乘船过河。撑船师傅为了尽量满足大家的要求，不得已用仅有的三只小木船来载运等待不及的顾客。一只小木船只能装六七个人，用三只船载运也无济于事，解决不了众人的所需，经商量只好让有急事的人先过河。

古话说："人变一时，天变一刻。"当时风平浪静，可是三只小船撑到河心时，天空突然乌云密布，雷电交加，狂风暴雨，水浪滔天。眼看前面的两只小船被一个浪头击沉，人们纷纷落水发出绝望的呼救声。坐在第三只小木船的王乐仁夫妻顷刻也在浪尖上，随时有翻船落水的可能，全船的八个人吓得心惊胆战，不知是生是死。就在此时，朦胧中天空好像有神灵马祖太太说："雷公雨神，河中小船上坐有贵人，不能造次作孽。"话音一落，黑暗的天空突然明亮起来，河水恢复了平静，落水的人们一个个从死亡线上得以生还。船到对岸后，大家为了报答这位贵人的救命之恩，看来看去，纷纷寻找，可在搭船的二十几位乘客中，都是平庸之辈的过渡客，没有一个绅士模样或做官相貌的贵人。大家正在纳闷，还是老艄公赵昌礼有眼光，看到王乐仁的老婆微微隆起的肚子，他想这位贵人肯定就在这位女人的肚中——还没出生的孩子。想到这里。忙率领大家一起跪在王乐仁老婆面前谢恩，感谢她怀有贵子，避免了这场灾难，保佑了众人生命。这一来使王乐仁和妻子感到十分意外，惊喜得心花怒放，忙扶起大家，很不好意思地说："以后我真有这个福气，生了儿子，一定好好抚养教育他，让他多学知识，练好本领，为百姓多做善事，在这山岭上建座妈祖庙让人祭祀，河面上建座石拱桥，让大家以后过河不再担惊受怕。"

几个月后，王乐仁夫妇真的生了个儿子，取名王茂义，十分讨人喜欢，也很聪明，夫妻俩从小教育儿子忠厚为人，乐善好施。王茂义从小天资聪敏，也不辜负父母的期望，勤奋好学，十九岁就成为知府执事。为了实现父母亲当年的夙愿，他通过多方筹资，请来广东饶平詹师傅，精心设计，建造一座孔径 10 米、全长 20 米、桥宽 6 米、桥高 8.5 米的宏伟美观、坚固耐用的石拱桥。造庙建桥时的故事，至今还在民间流传。

树德桥的变迁

张成桂

树德桥也叫"水门桥",位于中山新城西水清门口,是通往江西、广东商贸重要之道,此桥全长 70.3 米、宽 3.7 米,墩宽 3.5 米,拱空宽 5.1 米,六墩七拱,桥竣工后随建纪念性悬伟亭阁,石雕门楼,精镂双龙抢珠,花边门额横披,平底凸书"树德桥亭"四个镀金大字,燕子尾翘鳌。内厅宏伟宽敞,陈列百姓捐资鸿名碑和檀樾主禄位牌。

清代修建的中山老城树德桥   李国潮 摄

据载清朝咸丰庚申年被"发寇"焚烧一空,仅留不畏火烧的门楼窗框和功德碑。中华人民共和国成立后当地民众把它开垦为农地之后又在地上建筑房子,在建房时,这些珍贵历史文物,全被当成石块尽埋地下作基,惜哉!据此鸿名碑序言中载:初用木柱组成

"开"字形作夯为桥架，以五至七根长杉木串成桥板，连锁十余驳搭成桥，但常被洪水冲毁，常使客商往返不便。迨至明末（何年无考），始建六墩七拱大石桥，后又时逢连续暴雨涨洪，上游冲来木材和杂物堵塞了桥孔而被冲垮崩塌。笔者16岁那年（1940）仲夏亲睹洪水冲毁桥面而使大桥崩溃的情景，1951年夏还遭洪受害。由于大桥时崩时修，损耗财物为数不小。究其原因，是河床太窄，墩脚较宽粗，堵水量大，拱门狭小而泄水不及造成洪害。这多灾多难的树德桥何时方解厄运？后有关专家们诊断出其厄运之因。于1979年政府拨款重新修葺，由浙江省平阳县腾蛟区迁来中山落居的石匠师傅张继勋（原名周功熙），托友返往浙江聘来一位同乡，工程师级石匠大师洪才荣师傅承建。将桥中间拆卸一墩，其负重承载量通过严格科学计算，成其二拱，并一拱宽度合计13.7米，增大了泄洪量，但原桥平面不变，原是六墩七拱，经重修成现在的五墩六拱，使坚固壮观之大桥确保无恙了。

爱国诗人丘逢甲书题"平安桥"

明　镜

清末，武平所是武平县西南的商业贸易小重镇，市场繁荣，闽、粤、赣的商贾客人，云集于此。但当时交通不便，货物流通全靠肩挑。三联村有条山路，是客商交通必经之路。该村的蟠龙岗与下坝毗连，中间有条民主河相隔，行人必须绕道过去，给交通带来诸多不便。1904 年，由三省的富商牵头，集资建造一座三拱石砌大桥，名曰"平安桥"。

清朝修建的中山三联平安桥　李国潮 摄

1906 年，爱国诗人丘逢甲从台湾回祖籍广东蕉岭访亲探友时，武平所有人专程赴蕉岭登门拜访，言及武平正在建造这座石桥。丘逢甲闻知此事，慷慨捐资，并欣然命笔，疾书"平安桥"三个刚劲有力的大字。

平安桥虽经历了风风雨雨，但至今仍完整无缺地屹立在民主河上。

中赤乡中赤村凉桥

李泽宇

　　许多年以前，村中老者告诉我，距中赤墟场下游百米处有座凉桥，已有 185 年历史。这座桥顺河西行百米，古木参天，绿树成荫，小道逶迤，石路青青。这条青石子路一直依河岸延伸至下营上竹峰自然村，是下营村民来往中赤墟场的古道。这里有一座古桥横跨上赤河之上，桥长约 116 米，桥高约 21 米，桥宽约 1.5 米。桥面平坦，几乎与水面平行。桥面分三段，每段之间有巨型桥墩连接。细看桥墩外观，石缝细密整齐。桥墩砌成锥形，两侧成流线型。这个设计不但节约了石料，又减轻了洪水对桥基的冲击，充分体现凉桥设计者的聪明智慧。

　　185 年前，建桥墩之时，尚无水泥可用，它是如何建成的呢？据刘氏族谱记载，此桥为刘氏旺族刘康公出资捐建。砌桥墩时所用黏合物为石灰、黏性黄土、食用黄糖经人力捶打搅拌而成。在配料中添加食用黄糖可增强黏合性和防腐蚀能力，可以说这是凉桥建设者的创新之举。桥面用粗大长条硬木铺架而成，上铺木板，桥上建亭，呈廊桥风格。一桥飞架，既可通行，又可遮风挡雨，入夏时节，村民尤喜在桥上纳凉观景，此亦为凉桥之名由来。中间桥墩前头，铸立一尊菩萨，意为"菩萨保佑"，以祈免除水患、风调雨顺、五谷丰登。当时每年农历正月初九日，行祭桥之仪。唢呐声声，铜锣齐鸣，礼炮隆隆。两岸村民列阵观望，那时那景何其壮观！遗憾的是，百年凉桥毁于"文革"。据刘氏族谱记载："文革"年间，破"四旧"运动，激进分子毁凉桥佛像，拆亭子搬桥木，大观尽失。"文革"末期，当地政府出资，其中两段铺成1.5米宽的钢筋水泥桥面。

　　中赤河由岩前、十方两条溪流汇聚而成。历史上多次洪水泛滥，冲毁河堤，浸漫良田，冲垮民房，足见中赤河咆哮时的威力。但这座凉桥，历经风雨、洪水侵蚀考验，桥墩至今基本完好，桥面虽有残缺，但基本保持它原有的雄姿，足见它的坚固。如今，中赤凉桥并未淡出当地村民的视野，许多有识之士提出凉桥修复工程，恢复凉桥原貌，重现它的雄姿。凉桥是中赤历史文化的积淀，是记忆的桥梁纽带。这座凉桥若能恢复原貌，定能成为中赤十大美景之一，但愿村民们的夙愿能早日实现。

永 赖 桥

钟春林

　　永赖桥，系福建省文物古迹之一（省志册页）。坐落在岩前双坊溪尾，为当时武南往武西的交通要道。始建于清乾隆嘉庆年间。由伏虎兴龙寨钟嘉泰、窝子（庙内）钟祖荣先后任总理；其他几位（庙内也有）热心地方公益人士任协理，他们或自己从捐或向地方

清代修建的岩前双坊永赖桥　李国潮 摄

热心公益的殷商募捐，在共同筹得银两之后庀材鸠工，延请土、木、石三工种能师巧匠，经过几年精心施工，遂建成长 67.8 米、宽 7.2 米、高 11.2 米，双拱门的石拱桥，每个拱门长 7.2 米、宽 10.2 米、高 11.2 米。在接通东西两条大路的同时，按桥的长宽度，在桥面上加建了土木结构、三层十多米高的空中楼阁。这样的桥，可供行人避风雨、遮烈日。桥因终日照不到阳光，又因建桥之举在当地有行善积德、庇荫子孙锁住"财源"不致外流的说法，所以当地人都将

此桥叫作"荫桥"。桥东往上坊伏虎，西往中赤下坝。双拱门之间，有逆水镇狂涛的妈祖娘娘庙及塑像，北有建桥诸公禄位——报功祠、龙源公王神龛，南有观音亭及塑像；三层楼上，有魁星点斗塑像。桥的设计合理，建造牢固，虽经几百年间历次洪水冲击，全桥至今仍完整无损。桥面上的楼阁，于1958年拆掉，但桥仍能为群众服务，方便大家往来，现还可以通行载重汽车。可惜原来的"廊桥"，现已成露天的石拱桥。

清朝修建的岩前双坊永赖桥　李国潮 摄

岩前桥与靖远桥

邓泽文

　　岩前是武平通往广东的南大门。民国 23 年（1934），为发展公路交通，由政府出资，民间捐资，在岩前境内分别架起了"岩前桥""大阳桥""伏虎桥""葫芦桥""靖远桥"等五座水泥钢筋大桥。这五座钢筋水泥大桥，开启了武平县用水泥钢筋建桥的先河。方便了载重汽车和客商、居民的来往。这些大桥经历了近百年风雨，但至今仍安然无恙，继续承担着当年赋予它的使命。其中最有实用价值和有名的是在岩前镇上的"岩前桥"和"靖远桥"。

　　"岩前桥"是在岩前墟市的西门溪出口与岩前大溪交汇处兴建的，长 13 米，宽 6.5 米，两边有坚实的栏杆。是 20 世纪 90 年代以前国道 205 线通往广东的一座重要桥梁，荷载 15 吨，可供各类汽车、行人安全通行。

　　"岩前桥"上游约 180 米的岩前"西门溪"，原有一座简易木桥通往"翠丰街"。翠丰街是岩前解放前最繁华的街道之一，当地群众购物、赶集都要经过西门溪木桥，由于木桥狭小，加上来往人多、甚不方便，若遇上暴雨、涨洪水之际，给商贸交易、人们往来带来不便，甚至还发生过行人落水溺死事件。

　　民国 24 年（1935），岩前邓姓十九世祖淦庆、鸿庆、树庆等众兄弟共同集资，请人设计，共花去工料费三千余两白银，建成一座长 10 米、宽 5.5 米，桥两边建有护栏的永久性的钢筋混凝土大桥，因此桥坐落在古城墙的"靖远门"外，故命名"靖远桥"。这座桥是武平有史以来，在集镇上建起的第一座水泥钢筋大桥。至今仍保存完好，可通行载重汽车，方便了当地居民。

象洞光采隆太桥

隆太桥，位于象洞光采"象狮山"的南端，它是一座大理石砌成的石拱桥，长25米，宽4米，系清道光年间（1821～1850年）修建。古人说"象狮山"酷似西游记中翠云山芭蕉洞的"铁扇关门"，隆太桥像一条门栓，牢牢拴在铁扇门上，形象生动，非常逼真，是光采村的一大胜景。

建桥前，岗背人三日一墟，往广东松源、石礤赶墟的人络绎不绝。若逢雨季洪水泛滥，原来水口的木桥经常被冲垮，给来往人们带来不便，村中群众都盼望架设一座永久性的石拱桥，于是便筹建了这座大桥，后人称这桥为"隆太桥"。

为何叫"隆太桥"？隆太何其人也？

据有关资料载，隆太，字嘉园，清代太学生。他秉性温和，勤奋好学，克勤克俭，好善乐施，他是靠勤劳致富的大户人家，村里人对他都非常尊敬。他家有副屏联："家中勿论贫富，克勤克俭，贫能致富；世上莫争弱强，能孝能悌，弱自胜强。"从屏联中不难看出隆太先生勤俭持家的高尚品德和宽厚待人的处世哲学。

有一天村里的步辉先生到隆太家商量筹建拱桥一事，动员隆太先生为建桥施阴功积善德，并说："建拱桥预计总造价要一千八百石谷。你老先生德高望重，又有能力，能否树个榜样，带头捐助五百石谷？"他满口答应，说："好！就我自己一人来承建吧！"步辉先生看到他如此热心公益事业，鼎力资助，格外高兴，立即召集村中父老乡亲，敲锣打鼓去感谢隆太先生慷慨解囊建拱桥。在隆太先生的积极支持下，水口石拱桥很快就建起来了，但是就在隆太先生选好吉日为拱桥安放最后一块尖缝石时，已备好的尖缝石却不翼而飞，怎么办呢？没有这块尖缝石就耽误合龙的吉日时辰，影响拱桥的竣工。此时隆太先生胸有成竹，他想一定是那些"烂斋鬼"恶作戏，便立即拿出 10 块大洋，告示那些"烂斋鬼"，别做缺德事，要钱用，就把 10 块大洋拿去吧，赶快把尖缝石拿出来！不出所料，那些烂斋鬼不好意思地将尖缝石交了出来，石拱桥也就顺顺利利地如时竣工。

为感谢隆太先生对公益事业的无私奉献，铭记隆太先生的巨大资助，民众一致认为这石拱桥应该用他的名字命名，叫"隆太桥"，桥名一直沿用至今。

（达桓提供，观光整理）

武平高梧水口拱桥——成德桥

赖春永   熊万寿

在杭武公路上，高梧与石田交界处，竖有上杭、武平的界碑，这里就是高梧的水口。两边皆山，过去是郁郁葱葱的茂密森林。横跨河面有一座建筑雄伟、古老、闻名江南的石拱桥——成德桥。

清朝修建的十方彭寨成德桥   李国潮 摄

成德桥建于清乾隆丙申年（1776）。现经实地测量，这桥全长75.3米，宽6.35米，高7米多。分3个拱门过水，每拱跨度9米。两端各有引桥，北端引桥长9.6米，南端引桥长5.8米。桥面中间铺有长宽相等的矩形条石；与条石相连的两侧，平铺着方石。桥身全用条石精密砌成。大桥迎冲力的这边，在中间拱门的两旁，用花岗石砌成两座菱角那样的尖脱雅致的破水墩，远看上去好像两只逆水行舟的木船。其作用是减低洪水的冲力，保护桥身的稳定巩固。

据说最大洪水时，水面离桥面仅尺余，水小时仅一个拱门过水。源于牛子岽，经乐畲、黄柏、彭寨入石田的溪水，即经此拱门流向上杭与汀江汇集。

桥面美观整齐，过往车马从条石通行，两侧的方石则为人行道。因桥面宽阔，过桥者虽逢车马，亦无须退让。

成德桥原是通往上杭、长汀的大道，原来的武杭公路就在这桥面上通过，往武东中间堂的汽车亦经此桥。1935 年春，新辟杭武公路已改道，不经此桥。原来公路的路基，多已开拓为农田。

大桥中间的拱门上，刻有"古成德桥"四个大字；右边刻着一行小字"乾隆丙申之吉……"（"吉"字下面已模糊不清）

古成德桥系江南几省市的著名建筑。1959 年春，四川、湖南、福建三省的交通厅和一些建筑单位的工程技术人员，长途跋涉，携带各种精密仪器来这里勘测。在当地干部群众的协助下，经过 20 多天的努力，顺利完成了桥梁勘测任务。经测定证实：这座桥负荷重量达 50 吨。他们对这座桥负重之高，建筑技术之精巧，称赞不已。建桥迄今已 209 年，安然无恙。时至今日，尚能引起外省技师的注目，足见当时建筑艺术之高超。经这次勘测后，据说闽、粤等省一些建桥单位亦相继采用了古成德桥的建筑方法。

桥上游 40 米处的草坪上建有"公德祠"一座，据说是供看管大桥用的。桥的南端约 3 米处，建有"文昌祠"（在今杭武公路坎下）。这两座祠现已拆毁，只剩残墙。桥的北端，建有茶亭一座，供来往客商休息。茶亭近处建有一座高大的贞节牌坊，据说林庆华（高梧彭背村人）妻范氏一乳被歹人摸后，不堪其污辱，用刀自剜其乳，流血不止而死，得圣旨旌表，立贞节牌坊，以赞美其贞节云。在牌坊上面石板上刻着"圣旨"两字，其下 6 尺多长的横石板上，刻着："旌表林庆华妻范氏"。亭及牌坊在"文革"期间均已拆毁无余。石亭柱等材料，已移至桥的南端公路旁，建立一座新茶亭。

清朝修建的十方彭寨成德桥　李国潮 摄

大桥下游约 60 米处,武平和上杭县政府于 1963 年修筑了一条水坝,上面立有石碑,刻着"友谊陂"三字。用于两县人民灌溉稻田、发电、碾米等用。友谊陂的建成,增强了两县人民的友谊和团结。

陈坑仙人桥

饶志龙　饶亮金

陈坑仙人桥　饶桂明　摄

陈坑仙人桥，坐落在陈坑坪上（现为老公路桥头），顾名思义，我们的祖先认为是仙人所造之桥也！据当地族谱载："'仙人桥'由三块石板造成，每块长二丈三尺余，厚一尺三寸，或二尺五寸，观此桥之大、之长、之阔、之厚，正非人力所能为，抑亦仙法所致焉耳。"

今仍有留刻古仙人桥头一首诗云："仙迹千年在，于今欲问津，流连思古渡，此石是何人？"

此诗在海内外饶氏宗族中广为传颂，只要说得出长、高、厚就会得到族中梓叔认可，食宿不愁。

陈坑仙人桥　饶桂明　摄

上畲水口石拱桥

王天喜

武东镇上畲村水口石拱桥是上畲通往远明、中堡等地的唯一跨溪石桥，建于明末清初。经过几百年风雨剥蚀和洪水冲刷，至今仍铮铮铁骨、岿然不动。后人无不称赞前人的智慧和建筑技艺。

石拱桥全长25米（其中引桥6米），宽3.8米，高5.5米，中立一巨大菱形桥墩，设置两个桥孔，整座桥均用巨型方石砌成。

武东镇上畲村水口桥　王天喜 摄

上畲与远明是毗邻的两个小村。村民世代友好，和睦相处，来往频繁。但当年交通甚为不便，两村之间被一条不大不小的溪流隔断，虽有木桥但屡被洪水冲垮，村民交往常要涉水而过，既艰难又不安全。于是，善心人士倡议捐款、献工，有钱出钱，有力出力，聘请富有技术、经验的高超师傅，建起了这座蔚为壮观之桥。

昔日，桥之两侧古木参天，郁郁葱葱，浓荫蔽日；桥下流水潺潺有声，清澈见底，游鱼可数，好一派亮丽风光。

四维左田的永济桥

王闻福

永济桥位于武东镇四维左田村的慕枫溪上。

发源于梁野山下袁畲村的慕枫溪从左田村中穿流而过，将整个村庄分为一溪两岸。自我记事起，流经左田的慕枫溪从未断流过，村里的永济桥作为纽带，将整个左田村连成一个整体。这桥也是中间堂到远明村的必经之路。因此，永济桥对于当地交通来说具有特别重要的意义。

永济桥始建于明初，由上畲德忠公、四维德信公后裔合建而成。500 多年来，重修、重建时间和次数无文字记载，没有人能说清楚。最后一次建桥是在民国初期。我的青少年时代是在左田度过的，故对左田的永济桥记忆特别深刻。

木桥　王闻福 摄

永济桥是座木桥，非常简朴。是桩式排架桥桥墩，桥面由三架木排组成。做桥墩的圆木粗实，深埋进溪底，设有两架木桥墩，桥面由圆木整方后采用榫接。永济桥全长约有 15 米，桥面宽约 2 米。

永济桥既是左田村村民联系外界的通道，也是村里人乘凉休闲的好去处。夏天到了，放了暑假的孩子们在慕枫溪里游泳、摸鱼捉虾。晚上，很多村民们吃过晚饭，便摇着蒲扇来到永济桥上纳凉、休闲、唠家常、讲故事。

随着时代的进步，运输工具有了很大改善，永济桥已经不能适应时代的要求。1978 年，由四维村与远明村合作，在永济桥原桥址下 30 米处，建造了一座混凝土拱桥，名为"友谊桥"，代替了永济桥。

武东四维鼎新桥

王闻福

鼎新桥坐落在武平县武东镇四维村中间堂慕枫溪上。此桥建于清代，在漫长的岁月中，虽然经过无数次洪水冲击、风吹雨打、冰雪风霜的侵蚀，至今仍安然无恙。

相传，古代中间堂是武平岩前、十方、武东到汀州的一条必经之路。最先是在慕枫溪上架一木桥，便于行人往来。每年春季发大水，大桥容易被溪水冲走。清代，武平抚民令王均德公二十一代裔孙王廷桢（又名文郁，号献青），居住在武东四维左田溪背山。他抱着"铺桥砌路施功德"的族训族规，发动广大宗亲捐资建造石拱桥。倡议提出，一呼百应，裔孙们自发自愿为建桥捐资出力。

鼎新桥　王闻福　摄

鼎新桥建造是邀请外地工匠负责设计和施工。历经五年时间才得以竣工。拱桥用料省，结构巧，强度高。桥身全长 10.9 米，宽

4.9 米，拱的跨度 9 米，拱高 5.5 米。当时，在技术十分落后的情况下，工匠有这样的建桥技术，实为难能可贵。

鼎新桥桥拱采用长方形石料，每块石头重 150 斤左右，在没有起重设备和吊车的情况下，运送这么重的大石头是何等艰辛。这充分显示了劳动人民的智慧，可见当时的工匠付出了多大的心血和代价。

鼎新桥建成后，便利行人往来，就是在洪水季节也不受影响。20 世纪 50 年代末，高上（高梧—中堡）公路通车后，车辆均在"鼎新桥"经过。21 世纪初，县政府批准武东乡对中间堂进行集镇改造，新建了公路桥，来往车辆避开鼎新桥而过。如今，只有通往丰田、五坊、三峙、川坊和安丰等地的车辆经过"鼎新桥"，过往车辆明显减少。

武东丰田樟树桥

王毅元

　　樟树桥，真名叫宝济桥，是一座有百年历史的石拱桥，位于汀杭古官道武东丰田段。拱桥邻伴数十株参天古木，多为百龄老樟树，大者主干如扒篮（客家一种直径约 1.3 米的竹制谷物盛具）般粗，枝繁叶茂，清风鸣蝉，绿荫如酒，爽醉行人，感恩之余，干脆颂称樟树桥，久之，竟替代了雕刻在桥两侧中心嵌碑上的正名——"寶濟橋"，甚至成为该地段的代名词。

宝济桥　王毅元 摄

　　宝济桥并不宏伟，结构也简单。桥长仅 14 米，宽 4 米，高 12 米，全桥独拱，跨径 10 米。上部用条石起拱，下部两岸用石块筑墩，桥底用条石砌成反拱，南北桥面均为石级，并铺上平整的大石板。据考证，宝济桥为当地王姓惟信公（王钧德五世裔孙）于公元 1896 年倡议兄弟梓叔捐资兴建，采用雷公井梓叔捐赠的"五里迳里"石材，建成于清光绪庚子年（1900 年）间，至今已有 116 年。

宝济桥虽平凡，名气却不小，大概源自其位置好。新中国成立前，人们出行主要依靠水运，而武东片区向无适航水道，只得通过汀杭古官道赶往附近渡口，俗称"上汀州，下上杭"。宝济桥就在这条汀杭古官道的关键位置：立足宝济桥，过桥往北"上汀州"，即经中堡上济、悦洋至上杭碧田渡口逆汀江而上直抵汀州府，或经中堡上济、芳洋后横渡汀江至上杭官庄千家村再往汀州府；而过桥往南则"下上杭"，即翻越武东五坊村藤崇岭经石下可至迳口渡口顺汀江直下上杭潮州汕头，拱桥当此要道，堪称枢纽，当时可以说是无人不知。而且，拱桥还是当地人赶集的要道，过桥南下经过武东魏坑、川坊即到达武杭边境的重要集市——上杭寨背圩，过桥北上 5 里就可赴中间堂圩，若再北上过了乌石、朱坊就是中堡圩了。

宝济桥身处要道，繁华是必然的。据当地老人回忆，南来北往赶集的商贩，探亲寻友的访客，各色行人络绎不绝，小小拱桥熙熙攘攘。夏日正午，行人走累了，不论亲陌，围坐在树荫下的石板上，贪婪地享受着清凉带来的惬意，描述着沿途风光，谈论着奇闻逸事，不时爆发出阵阵掌声，清风徐来，鸣蝉喝彩，好一个悠闲自在的露天小舞台！

桥不在乎大，有名则灵。宝济桥便是如此。当地百姓渐渐领悟到了宝济桥带来的鸿运，疑为桥神所赐，就在拱桥南侧砌起了社公庙，逢年过节，家家争先恐后地挑着鸡、鸭等三牲祭品，焚香膜拜，神情恭肃，虔诚之极。小小神社，炮声不绝，青烟袅袅，硝味远播，经久不息。特别是农村十月初十，当地打醮，总有好事者愿意花钱，请来木偶戏班表演和专业鼓手吹奏，拱桥一带，人山人海，热闹非凡。后来就更神了，哪家小孩生病了爱哭床，便用红纸抄一张驱邪符，上书"天皇皇地皇皇，我家有个夜叫郎，过路君子读三遍，一觉睡到大天亮"，贴在桥南侧的大荷树上，几日之后，即使不给吃药也能好，据传此招十分灵验。再后来，有父母亲担心小孩不好带的，直接就拜桥为母，称宝济桥为"拱桥娘里（即母亲）"，并给孩子取个带"桥"的乳名，那些叫作"桥桥""桥生""桥果腚"的，多为这个缘故。

　　建桥前无人感到这份清闲和乐趣。那时，无论商贩僧俗，无论春夏秋冬，无论肩挑手提，行至此地，均得卷起裤腿，赤足蹚过湍急的溪河。后来，有人将一棵斗般粗的荷树横放在溪面上，将两岸沟通起来，虽可免卷裤腿之劳，但毕竟攀爬原木算得上技术活，行人尚不容易，罔论牲畜了。苦久思变，当地王姓祖公崇德积善，捐资造桥，泽润后裔。

清朝光绪年间修建的武东丰田宝济桥　王毅元 摄

　　宝济桥形式简约，虽只是单拱石桥，但结构十分稳固。所跨丰田溪虽小，属汀江支流，但流域广、集雨面大、河道又长，每临汛季，屡发洪水，曾多次淹没两岸村舍。宝济桥建成一百多年来，屡遭洪水冲袭，却依然横跨丰田溪上，安稳如泰山。

中堡乌石水口青龙桥

王闻福

青龙桥坐落于中堡镇乌石村水口。

古代，乌石水口是上杭、武东南一带百姓到汀州府（今长汀县城）的必经之地。乌石村有一条乌石溪，溪水下经左田甲子背、饭罗塘，在中间堂与发源于袁畲的慕枫溪合流汇入汀江。行人经乌石时受乌石溪水阻隔，必须脱鞋卷裤涉水过溪，给过往百姓带来不便。

明初，武平王氏均德公之子王骥仕（万十郎公）在武东上畲窝开基后，发动裔孙捐银出力，在中堡乌石村水口处，修建一座青龙石板桥，并在桥边建"锡角亭"一座。桥边原竖有石碑一块，今石碑在乌石村渠中找到，碑长约 1.4 米，碑宽

青龙桥　王闻福 摄

0.52 米，由于年代久远，字迹模糊，未经处理难以辨认。

青龙桥由四块长形大青石板组成。桥长 5.2 米，桥宽 1.5 米，桥面厚度 0.25 米，桥距水面高度 2.7 米，石板桥十分坚固耐用。

青龙桥边建有"锡角亭"，整个亭子成六角形，亭内砌有石凳，供过往行人歇脚。

1958 年，武平县开通了高上（高梧—中堡）公路，公路从青龙桥旁经过，另修建了一座水泥公路桥，青龙桥便失去了原有的作用。

青龙桥已有 500 多年的历史，至今保存完好。

谷夫永安桥的由来

林富兴

　　在梁野山麓的北面，有个小村庄叫谷夫村，因村庄小而名不见经传。随着近几年生态旅游热的发展，其"养在深闺人未识"的神秘面纱才逐渐被揭开。村中大道为石砌路，是连接武北地区和梁野山的道路。

　　谷夫村水口有座永安桥，水口石是整块大石头，水流从石头中心形成的水槽中流出，为周边村庄所特有，成为村中一道独特的风景线。该桥历史久远，原修建年代不详，无从考证，重修于清朝末年。桥长 20 余米，宽 3 米有余，距河面 4 米多，为单孔跨石拱桥，石拱及桥身的上部结构为条石砌成，基础则建在巨大的石头之上。站在桥上望去，水流飞奔而下，颇为壮观。水在桥下形成一个水潭，深不见底。

　　说起谷夫永安桥的由来，当地民间流传着一个美丽的传说。相传永安桥原为木桥，在现位置上游约 100 米处，每逢雨季洪水到来之时，木桥经常被冲毁，影响周边及整个武北地区信众去梁野山寺的朝圣之旅。

　　一场暴雨过后，一日，村中群众正在清理被大水冲毁的木桥，准备重新架设。村中一位善士提出由他负责出钱，村民出力，改建成石桥。但是因桥面宽且地基不实，挖不到岩石层。正在众工匠犯难之际，一位行脚和尚飘然而至，但见他慈眉善目，手拿纸伞，身背布袋，脚穿草鞋。那和尚听了众工匠的诉说，又沿溪察看地形后，随手搬起脚下的一块石头，掷向湍急的水流，只听"轰"的一声巨响过后，巨大的水口石呈现在众人眼前，湍急的水流穿石而过，在水潭处的东、西两岸形成了两个天然的石桥墩。就在此时一道红光自天空划过，众人抬头仰望，和尚已经立于祥云之上，方知是梁野山的定光古佛现身显灵。工匠们顿时喜出望外，跪地谢过。只见和尚双手合十，"永世平安"的祝福在天空中久久回荡。

众工匠在东西两个石墩之上建起了现在的石拱桥，全部为条石干砌，没用一点石灰浆，虽历经风雨，依然挺立。桥建好以后，众人就依"永世平安"之意，将桥取名为"永安桥"。

为了感念定光古佛的助力之恩，村民在永安桥头东面的山坡上建了一座寺庙供奉着定光古佛，香火鼎盛至今。

清朝修建的永平孔下村谷夫永安桥　李国潮 摄

永平的古廊桥顿风亭

方升照

　　昔时的村落讲究"风水"，在村口造风水林，亦可美化村庄，或在"水口"河上造桥留住"财水"并可方便百姓通行。永平也不例外。据传，明代万历癸巳年（1593），永平百姓在今永平"水口"河上建造了一座石砌单拱茶亭式廊桥，取名"顿风亭"，群众称之为"水口桥"。桥的别名延续至今，而桥边附近的小自然村也被称为"水口桥"或"水口生产队""水口桥村民小组"。"顿风亭"廊桥自明代万历癸巳年建造四百多年来，经历过五次重修：清乾隆四十年（1775）重修一次；清光绪五年（1879）重修一次；第三次重修是1902年；第四次重修是1989年；2007年由永平"三村"——田背、岗背、杭背村村民及政府资助、捐资献工，合力进行第五次重修。重修后的"顿风亭"（水口桥）廊桥，保持了原来明代廊桥建筑风貌，主桥长12.7米，两边引桥各长4.7米，宽4米，石砌单拱跨度

明代修建的永平杭背顿风桥　方升照 摄

7.5 米。桥面部分为旧时茶亭廊桥式建筑，桥上路面中轴为石板，两边为鹅卵石铺砌，廊桥顶部盖琉璃碧瓦，整座廊桥气势颇为壮观。

"顿风亭"廊桥，在过去永平至孔厦公路未开通时，是江西、长汀、武北通往中堡、武东乃至上杭的交通枢纽。过往行人在此路过，累了，在此休息、纳凉、避雨、吃点心，借以恢复体力。如今，永平"三村"百姓将此桥当作古建筑来保护，成为当地的一处亮丽的风景。

帽村溪上的九驳桥

方升照

昔时，在永平镇帽村店前段的帽村溪上有一座九驳木桥，此桥为何定为九驳？据说是合一个吉利数字，九九长，祈望此桥长长久久、平平安安。此桥东西走向，桥高 3 米，全桥长 45 米，有九驳，每驳长 5 米，全桥有八架天字形木桥脚，远远看去像是一字长龙，为一道亮丽的风景。

木桥东西两端是石砌引桥，接连两端石砌大路。每驳桥板选用 5 根直径 30～40 公分的老杉树加工成方形，用四个木栓串在一起。每驳桥板长 5 米，宽 1.5 米。桥板两端放置于天字形桥脚面上，两块桥板之间用大铁链连接（铁链串过桥脚），桥两端的桥板用铁链穿在引桥的石墩上，若逢大雨河水暴涨，桥板和桥脚分别浮游河两边而不致被洪水冲走。

架好后的木桥，平坦笔直，长 45 米，桥面宽 1.5 米，供路人行走，文官坐桥，武将骑马，老弱病残之人由青壮年搀扶过桥。大胆的黄牛可在桥上走过，而笨重的水牛只能游水过溪。

在悠悠岁月中，连接此桥的石砌古道，南通永平至武平城、中堡、上杭，北达桃溪、湘店、长汀，西北往大禾、江西，此桥功不可没，桥附近的地名村人亦称为"大桥角头"。此桥始建时间应在数百年前，造桥所用的杉木时间久了会腐烂需更新，如遇特大洪水时铁链时有断裂，木桥被洪水冲走。民国时期帽村成立了"桥会"，具体承办修桥事务，"桥会"有"桥会田"，系村民捐资购置的田产，所收田租用来修桥。"桥会"负责人由"会员"推举，每年召开一次会议，结清一年账目。土地改革时"桥会田"归公分掉，"桥会"

亦随之解散。分配山林时，由村农会划出了大桥附近的一块山林，山上的杉木专用于修桥。新中国成立后的修桥事务则由村政府—农业合作社—生产大队统一管理。

1958 年武北公路开通（现为省道 205 线），公路在店前段直过，石砌古道九驳木桥亦失去往日的功能，完成了历史使命，经几十年来的风雨，木桥已毁，现只剩下大桥东、西两端的石砌引桥，作为历史的见证。

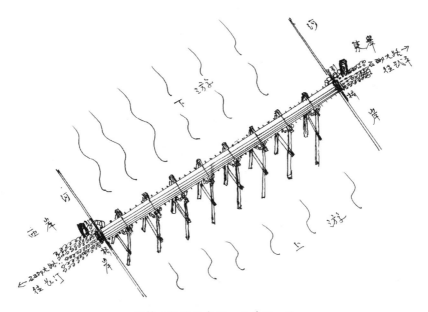

帽村九驳桥示意图　方升照　绘

风雨卧龙桥

方升照

　　卧龙桥位于永平镇帽村农贸市场沿省道 205 线往桃溪方向前行一公里处。此桥系清乾隆三十七年（1772），由武平城关西门王殿臣之子王雍彦（贡生）捐建的三拱二墩石桥。王殿臣，字擢，号穆堂、臣弼，讳思敬。清敕授儒林郎（六品文散官名），曾任广东惠来、朝阳知县，先后捐建帽村卧龙桥、中山永安桥（摘自武平文博园右侧三岔路口"永安亭"碑记）。

　　据说，清乾隆初，王雍彦前往汀州（今长汀）赶考，回程到今卧龙桥河边（当时为木桥），适逢天作大雨，河水暴涨，木桥摇摇欲坠，王雍彦当即跪地向苍天祈祷：如能安全过桥，他日在此处修建石桥一座，造福黎民百姓。雍彦刚走过桥，木桥即被洪水冲垮。此后王雍彦考取了功名，兴旺发达，便捐巨资，以其父王殿臣名义，在帽村方姓族人的支持下，于该木桥原址建造了三拱二墩石桥一座（建桥时王雍彦住在帽村建桥工地亲自施工一年多），由于附近山岗名为卧龙岗，故将此桥命名为"卧龙桥"。遗憾的是，中拱合缝时，因久下大雨，工程施工及技术人员均为外县人，无法及时召回施工，又逢殿臣病殁，雍彦只得返回县城家中料理其父后事，从而导致中拱崩塌（现今桥下河中还有些许条石）。后帽村民众在中间大拱处架设木桥暂且通行。

　　抗日战争期间，帽村民众二次召集劳力和筹集资金、建桥材料，成立"桥会"，统一管理修桥事宜。1930 年农历六月初三，中拱木桥被洪水冲垮，村民方顺元等召集劳力，用上山壁之松树，砍下作枕梁，铺以木板及砂浆。20 世纪 40 年代，村人推举方开清、方佳文、方桂元三人负责筹备修建中桥，由方桂元、方顺元、方佳文、方椿元和方泮奎公尝及"桥会"各捐一株特大杉树，由方荣富、方兴茂负责砍树，并倡议全村捐资、献材、献工。举村群众踊跃参与，历经数月完工，在中拱，用六根特大特长杉木作梁（约15米长），铺以横木板，桥身为廊桥式构架，桥顶盖瓦，桥身两侧设有靠背座位，可供行人休息纳凉或避风雨。凡木质材料均涂以桐油防腐。

此次修建后的卧龙桥，气势宏伟。桥墩高8米，桥面宽5米，全桥长32.2米；石拱桥南北两端的引桥各长5米，中拱（木结构）宽13.2米，两边小拱（石拱）宽各9.5米，两个石砌桥墩各宽3米。桥墩对着来水建有三角形条石砌成的破水墩，墩顶安有鹅公冠。廊桥南北两端上方悬有本村民国时期书法家方肇泰手书木刻"卧龙桥"行书匾额。两侧木柱上还有一幅晚清庠生方九畹撰、民国时期本村书法家方中孚书写的楹联，联曰："卧想黎庶悦，龙潜浪不惊。"大桥南端右侧建有六角形功德亭，亭内有数块功德碑，记录建桥由来和捐资、献材、献工者的鸿名和数额。功德亭正面亭柱上书有方九畹撰、方中孚手书的楹联："鸠工一劳永逸，鸿名百世流芳。"

清朝修建的永平镇瑞湖卧龙桥　方升照　摄

　　修好后的卧龙桥造型独特，为石砌木构架相结合的廊桥式石拱桥，气势雄伟壮观，在县内堪称一大风景，是北通武北各乡镇而至长汀闽北，西北通江西会昌、瑞金，南达武平县城关至广东，东可通中堡、武东、上杭，真可谓四通八达之枢纽地也。

　　1958 年人民政府为发展交通事业，修建武北公路，公路从卧龙桥面而过，两边石拱保持完好，将中拱木架廊桥拆除，改用条石重砌中拱，铺好路面，南来北往之车辆得以在大桥上奔驰，更方便了四面八方来往百姓，但桥头六角"功德亭"由于历史原因而被拆毁，功德碑亦不复存在，惜哉！

　　卧龙桥历经风雨二百余载，王氏父子及帽村民众的善举将永远为闽赣两省百姓所念。

古桥新貌

刘亦农

桃溪镇洋畲荫桥，建在洋畲村水口，连接湘湖至武平县城的石砌古官道。荫桥始建于清朝光绪年间，是纯木质结构廊桥。20 世纪 30 年代被乱兵烧毁。

1952 年，由刘梁富、刘兆溁牵头，全村人集资，按原规制重建：溪两岸石砌桥墩，中间用 7 条长 6 米多、尾径 20 多厘米的大杉木作杠枕。桥长 16.4 米，宽 4.3 米。在其上建长 17.3 米、宽 5.8 米、栋高 6 米的 16 柱屋桥。桥底距溪面 5 米。全桥用杉木板铺底，中设神龛，安妈祖神像。两旁设行人休憩座位。为防震颤，杠枕下用老杉木作桥脚、桥架，桥脚固定在人工凿成的石臼里，十分稳固。

清代修建的永平瑞湖回龙桥　方升照 摄

时至 1990 年，经过近 40 年的风雨剥蚀，桥板朽坏，屋瓦残缺，檩椽破损，荫桥亟待重修。当年村主任刘兆勋为主的村委会，经与桃溪王老板协商，用完好的杠枕等木材，换取工班建成石砌独拱、砖柱、瓦屋面廊桥。

2015 年冬，由刘钊田、刘荣添等村干部牵头，全村人集资，提高桥面，换建成钢筋水泥立柱、琉璃瓦屋面妈祖桥。桥头有联云："荫庇百姓光景年年好，桥连两岸生意步步高"，首嵌 "荫桥"二字。

在妈祖桥旁，建了一座洋畲村村大门，其联云："千年小村依白水，万载福地傍屏山。" 横批 "天然居处"。为山村增色不少。

大禾邓坑永金桥

邓一笑

大禾乡邓坑村，位于闽西客家县武平北部。大禾乡，西与江西省会昌县的洞头、永隆两乡相连，北与长汀县红山乡相连，东邻桃溪镇，南接永平镇，是二省三县五乡的接合部。

永金桥，又名邓坑荫桥、古屋桥，是座有200多年历史的老石拱桥，位于大禾乡邓坑村，属县级文物保护单位。此桥位于邓坑村水口，建于清乾隆乙未岁（1775年）孟冬月，是座单孔石拱风雨桥，由方石块拱起，面上有木架屋顶建筑，桥面两面用木柱支撑，构成单檐歇山顶廊屋，共9隔，40条正柱。另有四条神龛柱，共有44条柱子建成。方长27米，宽5.2米，石拱跨9.5米。该桥面建筑物于1941年、1966年维修过两次。2010年再次集资将整座桥面重新修建，于2011年3月底全面竣工。2010年重建原因是一次台风把古廊桥侧的一棵巨松吹倒，横砸在古桥上，将古桥建筑物损坏，村民将老建筑物全部拆除，重建了一座新廊桥。新廊桥建筑物外观与旧桥略有不同，相同在整座桥面都是用杉原木建成，桥的梁柱、栏杆、护板等皆用杉木建成，只是屋顶改盖琉璃瓦。砸倒老桥的巨松树，已加工成一墩墩圆凳，分放在桥廊间，散发着原木的清香，供人们歇脚休憩，围坐在桌边畅谈天下大事，讨伐村民之间的个人恩怨。

永金桥旧貌居中屋脊高于两边屋面。桥内梁柱上刻有"皇清乾隆乙未岁孟冬月鼎建"等字样。共9隔，居中隔是神龛，两边各4隔划归村内各房各支，每隔屋顶梁柱上皆刻写有字据，简略著刻各房之事。神龛内安奉有：宏天上帝、黄天官、马大元帅等三座神像。

现在永金桥侧又添一景：原太平山里的太平庵，迁来建造在永金桥侧。由周围各个村落信众自发捐建的"太平庵"于 2013 年底落成，于 2014 年正月初六迎菩萨入庵。太平庵内供奉的是如来佛祖、观音佛母、定光古佛、三爷古佛、弥勒佛、罗公祖师等神像。逢打醮日，太平庵内的菩萨也会被抬到永金桥上，与宏天上帝、黄天官、马大元帅共享香火。

至于此桥的渊源，神奇的传说颇多，难以一一赘述，村内有一个比较统一的传说。邓坑永金桥与龙坑福龙桥是同一年建造，都是同样模式的石拱桥、盖黑瓦的廊桥。桥建好后，要选定祭祀的日子，两个村都派人约好一同去长汀找先生选日子。当日子选好后，两人准备回家，先生却偷偷对邓坑人说：你要倒回来，我有事相告。邓坑人走了一段路后，想起先生的话，真的折回身去找先生。先生告诉他：这几天会发大水，你回去后要叫人赶快将桥下搭的架子拆掉。你们村有福气。邓坑村人听了先生的话，回村传达把架子拆了。过了几天，山洪真的如先生所言，暴发了。龙坑村的因没有拆架子，大水将屋桥冲走了，邓坑村的桥却幸存。传说原因是邓坑村人给先生的酬金为龙坑村人的三倍，大小都是一个礼，这先生也贪财啊！

龙坑福龙桥于 2014 年重新建造了一座廊桥，也许吸取了教训，用的材料是钢筋水泥的，结实得最少也可耐风霜雨雪一百年。

水口之桥除了出于交通便利，另一原因便是镇煞，将邪魔外道拒于荫桥之外。我记得以前短命或暴死之人，是不再抬回家的，又不愿亲人暴露于天日，便将尸体先安置在荫桥内，再选日子安葬。因此在我心目中，荫桥阴气重，由此常有恐惧之感，不敢滞留。可喜的是，邓坑永金桥侧的太平庵内的香火改变了荫桥附近的气场，众人还是乐意在荫桥内的木凳上坐一坐，回味一下永金桥的前世今生。

石拱屋桥——湘洋大溪桥

刘永春　梁玉清

　　湘洋大溪桥，始建于1872年，距今已有140多年的历史。是当年人们到遥远的江西贩盐、贩茶油等生活必用品，途经湘湖、湘洋、七里到店下码头的必由之路。

　　湘洋大溪桥是一座石拱屋桥。工艺精湛、牢靠。桥身由精选的石条堆砌而成，桥面弧形，恰似长虹卧波。桥面上建有木制的廊，廊顶交错，美观大方。里边有两排木凳供行人歇息。攀山越岭的挑担工，坐下来，喝口水，点根烟，劳累也就减轻了一半。桥的中央设有一神龛，安奉着妈祖，供行人、做生意者烧香膜拜，以求一路平安，生意兴隆。

　　屋桥，历经沧桑，桥中那光滑的石阶，印证着当年行人匆匆的脚印……

　　屋桥，是歇脚者的凉亭，是挑担工们魂牵梦萦的根。

　　屋桥，行者的驿站，风雨中坚挺。

清代修建的湘店乡湘洋村大溪桥　梁玉清 摄

古桥山歌

（21 首）

莫说山歌唔值钱，
能当点心能当餐，
能医心中愁闷病，
能搭桥板把妹连。
（选自《武平歌谣集》内部版）

郎在这边妹那边，
隔山隔水难近前，
灯草拿来搭桥过，
郎子敢过妹敢连。
（选自《武平歌谣集》内部版）

好柴烧火冇嘛烟，
好马过桥不用鞭，
好鼓不须重捶打，
好妹连哥不讲钱。
（选自《武平歌谣集》内部版）

急水滩头难开篙，
妹系有心要架桥，
架座金桥畀郎过，

永久记得你功劳。
（王星华收集）

山歌爱唱情爱交，
真心连妹唔使桥，
灯草搭排你敢过，
妹送金簪做桨摇。
（王星华收集）

隔岸看郎妹心焦，
又有渡船又有桥，
心想架桥畀郎过，
怕郎冇心空架桥。
（王星华收集）

桥上撑伞桥下荫，
手拿银元试妹心，
手拿银元妹唔接，
白手连哥较长情。
（选自《武平歌谣集》内部版）

郎和妹子同过桥，
行到桥中摇一摇，
摇得高来天平上，
摇得低来落龙桥，
摇得老妹怔心头。

　　（兰礼永收集）

生爱连来死爱连，
两人相好一百年，
爱人九十九岁死，
奈何桥下等三年。

伏虎行下南安岩，
正讲交情就出名，
十五造桥月半过，
唔曾想到就有行。

　　（星星收集）

妹似木头来做桥，
郎是水中牛一头，
妹牵水牛桥上过，
双双对对来碰头。

　　（王星华收集）

一头杉树九根苗，
砍头杉树做浮桥，
倕和情妹桥上过，

两人抱着摇两摇。

（选自《武平歌谣集》内部版）

麻竹搭桥肚里空，
两人交情莫透风，
燕子衔泥口要紧，
蜘蛛结网在肚中。

阿哥有情妹有情，
不怕山高水又深，
山高自有人开路，
水深自有架桥人。

（选自钟德彪《家园》）

妹送郎，过大桥，
桥下流水涌春潮，
你哥搭船赶水大，
目割亲郎手来招。

　　（邱铅发收集）

脚踏桥板摇两摇，
桥下鲤鱼浮蹦跳，
阿哥放哩长网钩，
终归有日会上钓。

　　（春浩收集）

十八妹，同过桥，

两人桥上摇一摇，

郎子牵手搭妹过，

妹子双手揽郎腰，

郎妹相亲乐遥遥。

（选自《武平歌谣集》内部版）

送郎送到大桥头，

手扶栏杆望水流，

水流长江归大海，

露水夫妻无出头。

（选自《武平歌谣集》内部版）

阿哥送妹过渡桥，

老妹就来劝佢郎，

妹子喊哥好去转，

哥有家室并爷娘，

惊怕屋下找亲郎。

　　（兰红英收集）

阿哥河东妹河西，

两侪有事唔得知，

爱来架桥又咁远，

长日心肝多顾你。

　　（田涛收集）

连妹莫连隔河娇，

大雨一落冇了桥，

哥要桥头来哭妹，

妹在桥尾来哭郎，

哥妹哭断桥一条。

　　（徐桂荣、何照远收集）

注：以上山歌选自《武平客家山歌选集》

古桥诗选

时汀州的知府刘焘对平川河上的"平桥翠柳"赋诗云：

> 背望长桥接帝京，残红落尽柳依青。
>
> 浓荫漫压平川景，嫩绿犹争舞袖馨。
>
> 飞絮乱翻飘玉屑，流莺百转露金羽。
>
> 年年岁岁春三月，折尽长柳赠别情。

时武平知县孙黝赋诗云：

> 山城三月风依依，平桥柳色满溪溺。
>
> 青丝拂燕迎堤舞，翠带穿莺倚槛垂。
>
> 烟近夕阳春漠漠，阴连禾黍日离离。
>
> 遗迹不逐东流逝，岁岁花开莺自啼。

明武平知县巢之梁赋诗云：

> 毵毵柳眼向人窥，无限风光碧水湄。
>
> 金谷晓莺啼舌巧，珠帘乳燕舞衣垂。
>
> 娟娟眉黛愁无语，袅袅腰枝瘦不支。
>
> 此地营年传胜事，迄今留得晓风吹。

清知府王廷抡，对平川太平桥赋诗云：

> 一道长虹横碧水，依依高柳垂汀沚。
>
> 舒将青眼睨江天，染得乳燕因风起。
>
> 波明两岸好维舟，把酒临流波彼美。

知县刘旷对平川太平桥赋诗云：

> 春光淡淡袅游丝，绿映平桥缕缕垂。
>
> 弱絮依微犹拂水，嫩枝消瘦不胜鹂。
>
> 飘扬故作千回舞，窈窕常妆十样眉。
>
> 漫道亭亭车盖状，何如张绪少年时。

清武平知县赵良生亦曾对平川太平桥赋诗云：

> 炎方春不寒，青眼易舒笑。
>
> 乍软便飘扬，未长先窈窕。
>
> 依依三月中，张绪正少年。
>
> 啼雨一莺娇，剪波双燕早。
>
> 瘦影拂澄潭，柔条叙孤棹。
>
> 最美羊裘翁，清阴坐垂钓。

明教谕王銮对太平桥赋诗云：

长桥坦坦柳依依，胜占三月江水湄。

翠色迥添膏雨润，绿阴多傍尽栏垂。

花飞解送春归去，条折难堪士别离。

多少往来冠盖客，东风立马听莺啼。

明汀漳守备王廷臣对城厢盈科桥曾赋诗五首：

①万顷陂塘旁竹轩，平添一水护重门。

旋春泼泼鱼初放，想见丝丝藻欲繁。

明目荡波留玉魄，白云摇影动风幡。

凭阑最喜尘襟涤，笑向渠头一问源。

②海国春初到，樵亭雨亦登。

湖光浓不扫，岚露湿如蒸。

客舍悲王灿，仙舟羡李膺。

延津何处是？双剑气凌凌。

③灵孕湖山秀，阴晴总斗奇。

露凝金柳重，雨润碧苔滋。

对酒花飞急，凭栏鸟度迟。

相看无限意，握手话鸥夷。

④戎幕乘清暇，名园忆辟疆。

情牵烟水阔，梦牵薜萝长。

客里分官俸，山中寄鹤粮。

何时重载酒，烂醉菊花傍。

⑤山脉控回龙，探珠气转雄。

岚光迷远岫，云色净高松。

短履扶残雨，峨冠侧晚风。

归途明望眼，火树一江红。

（罗炳星收集整理）

民国诗人丘复赋诗二首：

①游古山寺诗

山林嫌寂市嫌嚣，山寺离城四里遥。

一水北来虹落影，门前正对马鞍桥。

登陟无须换履忙，人嫌此寺欠深藏。

谁知吏隐非禅悦，五百年前古木堂。

②游万安镇途中杂诗

何屯冈以姓为名，武艺军传细柳营。

近事百年难考信，况教千载说荒城。

平桥翠柳景湮磨，曾此秦淮窄窄河。

谁说道旁田上下，销金歌舞旧行窝。

（林善珂收集整理）

古亭回眸

历史沧桑话古亭

武平县毗邻广东、江西，又与长汀、上杭等县相连，人民来往频繁，以经营商业者为多，当时货物仍以肩挑为主。挑担者肩挑百斤以上的重担，在风霜雨雪、烈日当空下行走，其劳累困乏，实苦不堪言。幸而在交通线上，群众建有不少茶亭，供人休憩。

据清康熙《武平县志》记载，县内主要茶亭有 20 多座。

清泉亭：县北十里。义民李良材建。又捐亭侧之田 60 坪，岁借其谷烹茶以饮行者，人甚德之。

迴澜亭：县南。明嘉靖间，仓官钟显才建。

清风亭：县治 40 里金鸡岭。林乾亨建。

驻节亭：县马鞍桥左。州判修凤建。

拱辰亭：县东信顺里。邑令张策建。

登云亭：县北 15 里石径岭。邑令张策建。

黄溪岌亭：县东 10 里。

黄土岭亭：县东 20 里。

金鸡岭亭：县南 40 里的金鸡岭下。

迎恩亭：南平门外。邑令巢之梁建。今废，存址。

甘露亭：县南里许。

石桥亭：县南小留兴。明代中叶兵部员外郎王琼建。已圮。

演武亭：县南。明宏治间建。嘉靖间，巡道王时槐委令徐甫宰增地重建。

平民社亭：龙济岩左。舒清、李宏政建。

白鹤亭：在所北 7 里。周玉珂建。

路亭：在县北 5 里段。邑人钟成亮建。

清景亭：所南 5 里。李鳌建。

普济亭：县南 10 里，江广通衢要道。邑人李仑捐买四围山岗，鼎建庵亭，遍栽松杂等木，以荫行旅憩息，且为茶薪之便。又捐黄溪瘦坑里田二十秤饭僧烧茶，往来行人咸德之。

甘露亭：县南里许。署县事赵良生捐俸置常稔田，岁收租谷，令住僧夏烹松茗、冬施姜汤，以济行旅。

甘泉亭：县北 15 里。李方晟建。又捐亭近鸡麻窝蛟湖田 30 坪，延僧岁食烧茶，以饮行人，往来称羡。

永济亭：县北南洞。钟颖灵建。

赤松亭：县北 60 里上湖凹。邑庠李先春建。捐田 3 亩，延僧烧茶，接应行人。

太平亭：钟颖灵建。

又据民国《武平县志》，上述茶亭均有记载，并补记茶亭 40 余座。

大岭岽亭、葛藤岭亭：俱乾隆中，左田王伯钦建，并施茶水。

高岽铺亭：在高岽，嘉庆中石秉诚建。

白云亭：在高岽铺前 10 里，庠生石椿建。

长寿亭：在檀岭下，石寿禄建。

万石茶亭：在乌石坳。石寿禄募建。

乐成亭：在左田饭罗塘，王廷桢建。

博望亭、济众亭、樾荫亭：俱中正区廖日昇、廖藜照募建。

鸳鸯岭亭：乾隆初，岩前曾绍文建，并种路树，以荫行人。

景行亭：在岩象之交枫树岌。练炳南建。

珠子坜、天字岌、白沙岌、送子岌四亭：练炳有、王星初合建。

高士茶亭：在小迳。李福珍建。

景行亭（在亭子岭）、景仰亭（在龙嶂岌）：俱钟仁福建。

赤岭亭：钟仕奇建。

源清、源远、源活、源本四亭：俱钟继声建。

永行、松柏、承志三亭：俱钟福进建。

芨怀亭：在苎坑里。钟光裘建。

义浆亭：钟鸣万建。

履道亭：曾善明建。

懿好亭（在风车岌）、寿萱亭（在回峰里）：俱中赤刘天达建。寿萱为其母八十一寿，节省筵席费用建者。

慈荫亭：在赖屋凹，钟冠华为母六十一寿建。

乐善亭：钟乾千建，久圮，玄孙敷清修复之。

吉鉴亭：在十方白土，李乔通募建。

蓝坑亭：谢伯镕募建。

关刀亭：钟姓创建。

山多亭：在鸡嫲寨下，林姓众建。

永济亭（长坑里）、青山亭、五里亭、悠远亭（鲜水）、赋月亭、最乐亭（黄土岭）、嶂云亭（口嶂岌）：以上各亭俱众建。

据客家学者王增能先生调查统计，境内比较大的茶亭有600多座。许多茶亭尚未列入志书，实为憾事。

古时，有些建亭者另购置田地，其租谷用于施茶缸。有些地方则建有茶缸会，由热心公益事业者发起，会金由会友凑集，并将全部会金购置田产，所收租谷用于施茶与转席之用。多数茶亭有人卖茶，兼卖糕点、糖果、米粄、鲜果、熟鸡鸭蛋、烟丝、火柴等，以备行人充饥解渴。在茶亭里的驻足行客，稍坐片刻，喝几杯茶，吃些糕点，谈笑风生，疲劳稍解。同时，卖茶点者也置有一口茶缸放在茶亭口，把粗茶叶放在开水里煎煮，倒入茶缸，再冲入冷泉水，谓之"阴阳汤"，方便来往的贫苦行人饮用。

茶亭是广告牌，如有宣传"虎标万金油""老鬼马祥伤膏药"等。茶亭又是留言牌，如"×××，我于某日在这里经过，住××

客栈，你到后来找我"，茶亭还是警示牌，如"此山有虎，行旅小心"。更有甚者，在茶亭壁上用木炭或有色石子题上山歌抒发幽情，如："新做茶亭两头空，郎子福建妹广东；只爱两人情意好，咁远路头约得同。""送郎送到十里亭，难舍难分泪淋淋；本当再送十里路，鞋尖脚小步难行。"

古时所建茶亭，并非公款所建，全由热心于公益事业者所创建。他们看到某地交通要道，山高路险，或其地与某地相隔路远，来往行人无歇脚之地，兴建茶亭确有必要，于是热心人士本着"为善最乐"的思想，提出倡议建亭。有的为施功德，慷慨解囊，独资创建；有的则奔走呼号，募捐创建。总之，倡议提出，一呼百应，有钱者出钱，无钱者献砖、献瓦、献石灰、献桷桷，无料可献者献工，集腋成裘，众擎易举，建亭事业很快竣工。县内的官道上（即石砌路）都建有茶亭数座，一般相隔 5～10 里。茶亭墙壁上镶有石刻功德牌，将建亭缘起及乐捐者姓名、金额刻于碑上，以资鼓励，并留纪念。

（王麟瑞收集整理）

"官亭"与"茶亭"追记

林善珂

　　"官亭"位于今城厢镇东岗村境内。建于何时无考，毁于20世纪80年代修公路时。古代武平县通汀州府治的主要官道，由县城向东，十里一铺，即：黄鹰铺—大岭隘铺—袁畲铺—高山东铺—檀岭腊石铺—千家村铺（至此入上杭县境）。古代铺即驿站，康熙志载，各铺并造道里亭，载明往来里数。所谓道里亭，即那时候的驿站。据此可知，官亭实际上就是黄鹰铺的驿站，因位于通汀主要官道，加上黄鹰铺道里亭不好念，人们便简称为"官亭"。

　　据老人回忆，该亭原有较大规模，主亭之侧建有旅舍，可供食宿，行旅在亭内可免费取用茶汤（夏凉茶，冬姜汤）。古制驿站均由公款购置田产，驿收田租以供日费及驿吏工资，行旅食宿除文武官员外也收费。笔者曾于20世纪70年代数次从家乡至县城挑担负贩时歇息于此。印象中，官亭之侧建筑尚存几间，亭中有茶水供给（据说系由当地乐善好施之人或一家或数家义务供给），有时还有斗笠挂在壁间供行人取用，那时古风尚存，取用斗笠之人大部分会自觉归还。

　　吾邑地处闽省边陲，山岭崎岖，溪流浅窄，自古舟车难通，交通本赖驿站。因此茶亭成为邑中一道独特的风景线。除有一定规模如上述驿亭外，民间尚有许多乐善好施之人或独资或集资建茶亭于各交通要道甚至普通便道上，往往一村辖区内就有几座乃至十几座茶亭。

　　茶亭在邑中还成为一种文化现象。其功用不仅供行旅遮风避雨、小憩休整、用茶用饭，它还是人们展示民间建筑技艺的一种方式。

因此，各地茶亭千姿百态：有四角亭、六角亭、八角亭，有木结构、土木结构、砖木结构、土竹结构，有些还附有雕刻和壁画。

茶亭又是人们传递信息和展示民间文学艺术的地方。凡茶亭，几乎四壁皆用碳墨或粉笔写满了各种文字，嬉笑怒骂跃然于壁。如："×××，我于×月×日×时路经此亭，约于×时到达×地，请快跟上来。""前面×山有虎，晚间行人注意！"这是传递信息的留言；如有人赋小诗一首："高山有好水，平川有好花。人家有好女，冇钱莫想她。"表述的是作者对美女的向往和无奈；如有人对某人仇恨至极，即在壁间大书："×××恶贯满盈，曾于×年×月×日奸良家妇女某人，又骗取某人财货××"，有如"文革"当年大字报，揭人短处，怒骂泄愤；如："×××是好人，积善积德，于×日助人金钱××，又助人××，借此壁以彰其善"；又如："对面阿妹样般（怎么样）人？日头（太阳）敢大看唔真。保佑日头云盖煞（住），留（让）𠊎阿哥看分详。"这是农村青年借山歌抒发对爱情的追求和怅惘。

20 世纪 80 年代以来，吾邑交通日渐发达，东西南北纵横半日可达，茶亭的功效逐渐成为历史。

客家茶亭

刘永泰

"路边茶亭四四方，避风躲雨好纳凉。喝碗姜茶解困乏，打个喔嗬到会昌。"这是流行于武西赣南一带的客家山歌。

纯客家武平县，在人烟稀少的古道或乡道旁，依稀可见一种占地面积不大、结构简单、建筑简陋的亭子，无偿地供路人休息，默默地为路人避风、躲雨、乘凉、消乏、解困。当地人把它叫作"茶亭"，也叫"风雨亭"。茶亭，在疲乏的路人心中犹如沙漠里的一泓泉眼、旅途中的一把伞。由于每隔 5 里左右就有此亭，"十里一驿""五里一亭"，所以又叫"五里亭"。载入民国《武平县志》的在武平县计有 64 座茶亭。据客家学者王增能先生调查统计，当时武平县有茶亭 600 多座，真可谓亭若繁星。又据钟德彪先生考证，从下坝到罗塘 110 里的弯弯山路有 18 座茶亭。

兴建茶亭，通常不靠官府拨款，多凭邑中仁人志士社会贤达"施功""积德"建成。有单家独建的，也有数家合建的，亦有一人或几人牵头，通过化缘共建的。所以又叫"功德亭"，反映了客家先人"乐善好施"素朴的道德风尚。

兴建小茶亭，隐含大学问。特别是在选址、择日、结构等诸方面都有一定的讲究。选择地址是基础，投资者必请"地理先生"反复勘查，讲究来龙去脉，风势水向。一般选在"风煞"大的山顶或四无屏障的风口。俗云："若要发，斗风煞。"茶亭建在"风煞"越大的地方，投资建亭者就越发达。如：石径岭上的"登云亭"，千级石磴盘旋而上，至山顶建亭，该地气势雄伟、卓绝、巍峨，闽粤赣周边县市旖旎风光尽收眼底，"路人登亭六月寒"，亭边一山泉长年恒流。"云梯山，离天三尺三"，云梯山昔时是闽赣交界的交通要冲，挑担贩运者如蚂蚁牵线，不绝于途，在此地建亭作用可谓大矣，地址选得绝妙。

在结构上，茶亭必须是两个门，而且两个门必须直通，或南北直通，或东西直穿，大多数茶亭使道路从亭里穿越而过，当地人叫"穿心亭"，极少数建在路旁且只有 1 个门的茶亭。对于梁的摆放亦有严格的要求，茶亭只能有一根横梁，唯一的。其余搭在梁上的檩，必须兜在里，尾朝外；瓦角也一样，必须头在上，尾在下，以示投资者和路人蒸蒸日上，顺心顺意。

在民俗上，堪舆术士、泥匠、木匠建茶亭也是有行规的。如：先生、工匠入茶亭建设工地，走几步后，再后退上工地，不同的步法代表不同的意思。先生、匠人做茶亭用过的工具必须丢弃，不能继续使用。

建茶亭开工，谨择"吉日良时"是必须的，且至关重要。——竣工剪彩时，地理先生、泥匠、木匠要"呼赞""出煞"，最少是"地理先生"必须做，以佑投资者、参与者以及路人平安吉祥，发富发贵。

小茶亭，大惠民。茶亭里便民举措不胜枚举。有的茶亭里砌有石磴、土墩，施有木长凳，供路人安坐歇脚；有的亭壁上挂有斗笠、蓑衣、雨伞，供路人雨天取用；有的亭里备有扇子（纸扇、企脚扇皆有），供路人享用；有的亭角备有木棍、竹棍，老人可当"文明棍"用，扶助老人行走，陌生人权当打狗棍使，驱赶毒蛇野狗；有的亭里还有备用的担竿（扁担）绳索；有的亭侧挖有便坑、尿缸备急，还有手纸；最值得大书一笔的是，茶亭里备有茶水，供路人解渴消乏。茶水一般是投资建亭者施舍的，施茶时间一般自立夏至立秋。茶亭里的"茶"，并非茶叶之茶，而是放入用生姜加工成姜线、姜末的，泉水煮沸煮熟，一天一换。茶亭里用陶瓷大缸或大木桶装茶水，茶缸（桶）边沿勾挂几把长把竹筒，路人用长把竹筒舀起茶就对着竹筒咕咚咕咚地喝。人们都说茶亭里的茶和茶具都不会传染病菌，那是因为姜茶（汤）具有杀菌、散痧、祛湿的功效。这是善的力量的聚合，这是爱的博大的彰显。

小茶亭，大历史。为什么闽粤赣边的茶亭星如棋布，每隔 5 里左右就有一座？这与当时落后的生产力息息相关，与闭塞的交通紧密相连。江西是鱼米之乡，盛产大米、黄豆、食油等农产品，但缺少布匹、食盐、铁钉等轻工业品；广东由于水运方便，我国香港、台湾地区乃至东南亚的煤油、洋钉、食盐等物源源不断地船运至下坝，但缺大米等农产品。为济缺调余，更为谋生，勤劳勇敢、吃苦耐劳的客家先民便肩挑手提，"盐上米下"，铁肩担乾坤，铁脚走日月，奔波于山间的崎岖古道上，脚力挑夫成群结队络绎不绝于闽粤赣边，负重前行，这样，每隔 5 里，就需要歇脚休息，一路上，时而烈日炎炎，时而大雨倾盆，时而天寒地冻，时而饥渴难忍；"世上苦，挑担行长路。"为避风吹雨打太阳晒，五里茶亭就应势而生了。所以，五里亭是时代的产物，它见证了客家先民艰苦创业的历史。

小茶亭，大文化。客家茶亭，大都贴有对联，且对仗工整，寓意深刻。如："登云亭"联："石径有尘风自扫，云梯无跻月恒升。""道风亭"联："道长路远养精蓄锐喝碗茶去，风停雨静神怡心静再登前程。"五里亭墙壁是路人作赋题诗的"不朽"园地，而且亭里备有木炭，万可尽兴而作。东留遥岌崇亭墙打油诗："高山有好水，平地有好花，人家有好女，冇钱莫想她。"民间的口头文学，诗虽不雅，字亦写得歪歪扭扭，却道出世风，劝人慎省，教喻后人，劝诫世人。有的是警世格言："出门看天色，入门观面色。"有的则反映客家人友善爱心，如："左至作田路，右往江西筠门岭。"明立路标，真诚地为陌生人引路。

小茶亭，大精神。兴建茶亭，是客家先民"施公德"朴素道德观的浓缩，茶亭里备用的斗笠、蓑衣、伞、棍、茶等物的无偿免费提供，是客家人宽厚善良秉性的彰显，是客家人助人为乐精神的发扬和传承。施茶是客家人极为乐意的，有一代甚至几代人代代传承，从不间断，施茶主人若遇急事无法施茶，只要告知一声，马上就有人接上。亭中所备之物，只见增多，不见减少，从不绝缺，客家人视"用后奉还"为基本道德信条，讲究一些的，更会"用一还二""赠人玫瑰，手留余香""人人为我，我为人人"是从而体现出的客家精神。

凉亭一瞥

谢福英

民国以前，武平未设驿站，仅有铺、塘官道。主要道路沿途多数设有凉亭，供行人休息、避风雨。据县志记载，境内有清风亭（在金鸡岭）、登云亭（在石径岭）、平明社亭（在龙霁岩左）、甘露亭（在县南里许）、长寿亭（在檀岭下）等 60 余处，新中国成立后，多数古道已被公路所代替，沿途凉亭亦多颓毁。据调查，武平县境内现存保存较好的古道和路亭主要有如下几处。

一　古道

1. 五坊古道

五坊古道位于武东镇五坊村腾崇岭。又称"汀州大道"。是历史上武平经武东陈埔、川坊、五坊通往上杭县，再由上杭通往汀州府。据清版《武平县志》记载，此古道在武平县境内长约 30 公里，现存最完整的五坊古道完整段长 500 米，宽在 1～1.55 米之间，由不规则的块石砌成，沿途有凉亭数个。现存的凉亭有晏然亭、樾荫亭。

2. 小密古道遗址

小密古道遗址位于万安乡小密村学昌自然村，2009 年发现。古道呈南北走向。东、西两侧为群山。古道全长 963 米，宽 1～1.5 米不等，全为块石铺砌，为古时小密村至永平昭信、江西会昌、官丰的必经之路。

二　路亭

1. 和平茶亭

和平茶亭位于武平县十方镇和平村和义塘自然村新路上。亭建在和义塘小溪石拱桥上，建于清代，坐东北朝西南，长 8 米，宽 4.5 米，通高 5 米，面积 33 平方米，悬山顶、土木结构，亭内地面离水面 2.4 米。此亭是和平村通往上赤、下坝、广东、江西等地商旅往来的歇息之地，茶亭两边延续的石砌古道大部分已经被毁坏。据当地百姓说，国内革命战争时期朱德总司令曾带部队在此经过。

2. 小澜悦旅亭

小澜悦旅亭位于桃溪镇小澜村蒲竹凹，建于清嘉庆戊辰年（1808），砖木结构，硬山顶。总面阔 5.7 米，总进深 5.6 米，占地面积 33 平方米，平面呈长方形。墙体、四面围砌匡斗砖墙，前后开门，门上嵌"悦旅亭"石匾。亭内抬梁式木构架，中梁墨书"嘉庆戊辰年九月十九日薄西山吉时建立"。亭内有一方便过往路人取水饮用的水窖。该亭是古时小澜村到桃溪村的路亭。

3. 小澜最乐亭

小澜最乐亭位于桃溪镇小澜村河北自然村，建于清道光元年（1821）。坐北朝南，石木结构，面阔 7 米，进深 6 米，占地面积 42 平方米，平面呈长方形，面阔一间，进深二柱，歇山顶，抬梁式木构架。在 0.2 米高的台基上四角立 4 根方形石柱，正面石柱上楷书刻"茶淡颇堪解渴；亭卑尽可迎凉"楹联。亭内中梁上墨书"道光元年九月初六日吉时立"。

4. 乌石万石亭

乌石万石亭位于中堡镇乌石村村部北约 500 米的山丘上。石寿

禄重建于清光绪年间。砖木结构。南北走向。面阔 5.1 米，进深
10.1 米，面积 51 平方米。平面呈长方形。建筑面积 52 平方米。硬
山顶，两面坡。东西山墙出檐叠涩。南北山墙为马鞍形。亭内为抬
梁七檩式木构架。南北开石砌门，门楣上嵌石匾镌楷书"万石亭"
三字。亭内东西侧设石椅座，铺石块地板。乌石万石亭是旧时南来
北往，通过汀州府（今长汀县）供客商歇足、乘凉的地方。此亭对
研究古代交通具有一定的参考价值。

5. 狐狸凹樾荫亭

狐狸凹樾荫亭位于武东乡五坊村狐狸凹。建于清光绪二十七年
（1901）。坐南朝北，砖木结构，平面呈方形，总面阔 4 米，总进深 7
米，面积 28 平方米。硬山顶、抬梁式木构架。石砌门框，镶嵌一石
匾，阴刻"樾荫亭"三字，旁有浮雕花卉图案。中梁墨书"大清光
绪贰拾柒年岁次辛丑仲冬月众姓立"。亭东侧开一方形窗，西侧墙壁
内镶嵌"建造樾荫亭题捐诸公位碑"三块。现保存完好。

武东镇五坊村的"樾荫亭" 谢福英 摄

6. 大兰田晏然亭

大兰田晏然亭位于武东川坊村。建于清代，坐东南向西北，通

面阔 5.3 米，通进深 9.6 米，建筑面积 46 平方米。砖木结构，平面
呈方形。抬梁式、硬山顶。石砌门框，镶嵌一石匾，阴刻"晏然亭"
三字，旁有浮雕花卉图案。据了解，此地古时非常繁华，此亭为古
时上杭到长汀的路亭之一。

"茶亭"与"风雨亭"

曾长生

　　客家地区的许多地方，特别是在山区和人烟稀少的古道和乡道中。常常可以看到一种结构简单、占地面积不大的亭子，无偿地供路人休息、躲太阳、避风雨、解困散乏。有些亭子里还放有茶水，无偿地供路人饮用。有些茶亭甚至备有雨伞、斗笠等，供行人取用。这些亭子就是"茶亭"或"风雨亭"。有人说"茶亭"就是"风雨亭"，"风雨亭"就是"茶亭"，其实不然，两者在选址、结构、民俗等方面都不尽相同。

　　在选址上，"风雨亭"没什么"地理"要求，随便在路旁建一个亭子让路人能避风雨、遮太阳就行。而"茶亭"，在过去是很讲究"地理"要求的，投资建设者都得请"地理先生"查勘，讲究来龙去脉、风势、水向。一般选在"风煞"大的山顶或很容易刮到风的地方。曾有人说，茶亭建在"风煞"越大的地方，投资建亭者就越发达。大多数茶亭使路从茶亭里穿插而过，但也有极少数建在路旁的。建"茶亭"还讲究"良时吉日"。

　　在结构上，"风雨亭"一般只有一个或两个垂直方向的门，对梁的摆布没有什么特殊性要求。而"茶亭"，必须是两个门，而且两个门必须直通，如：一个门在东面，另一个门必须在西面；一个门在南面，另一个门必须在北面。对于梁的摆放有严格的要求，茶亭里只能有一根横梁。其余搭在梁上的檩。必须兜在里，尾朝外，以表示投资兴建者蒸蒸日上，好名气越来越远。

　　在民俗上，泥匠、木匠建"风雨亭"用过的工具，可以继续使用。先生、匠人建"茶亭"用过的工具，必须丢弃，不能继续使用。

"风雨亭"完工后，地理先生用过的"罗盘"一般都弃放在"风雨亭"的门顶上。"风雨亭"的建设工地没有行规；而先生、匠人进入"茶亭"建设工地是有行规的。如：走几步后，再后退上建设工地等步法，不同的步法代表不同的意思。"风雨亭"建成时，不一定"出煞"。"茶亭"建成峻工时，地理先生、泥匠、木匠要"呼赞"（"呼赞"者手举雄鸡，以民歌的形式高声唱赞歌），最少是地理先生要"呼赞"。"风雨亭"里没有茶水，"茶亭"里却有茶水。为"茶亭"施茶时间一般为立夏至立秋日，"茶亭"里的"茶"并非放茶叶，而是放入生姜，冲上开水，一天或半天一换茶水。一般是投资建茶亭者为"茶亭"施茶。有一家几代人、代代相传不间断地为一个"茶亭"施茶的习俗。"茶亭"里用陶瓷大缸或大木桶装茶水，茶缸（桶）里放几个长把竹筒。路人用长把竹筒舀起茶就对着竹筒咕咚咕咚地喝，人们都说："茶亭里的茶和茶具都不会传染病，不会因喝了茶亭里的茶而生病，因为这是经'神仙点化'了的。"其实，应该说是因为茶亭里放的是姜汤，生姜有杀菌、散痧的效果。

建"茶亭"或"风雨亭"，有一家人单独建一个的，也有几家合起来建一个的；有的是以一人或几人牵头，通过化缘建起来的。施茶是人们很乐意做的一件事情，以前，当某茶亭没人施茶时，立即会有人接上去，或者施茶者因什么原因不能施茶时，会找人接上去。

现在，尽管交通和运输都大有改善，不少地方还是有人建茶亭或风雨亭。只不过现在建亭不像以前那么"讲究行规"了。当然，避风雨的效果是比以前的强得多。现在，都是红砖、钢筋混凝土结构了。因为现在各地都通了汽车，最起码是通了摩托车、单车，改善了运输方式，提高了来往速度，"茶亭"里基本上看不到"茶"了。

客家善举兴路亭

王焕章

武平县广大人民群众在旧社会虽历经变乱，生活困难，但对于有益于民众的各种善举，本着"为善最乐"的思想，不少人积极为公益业忘我地劳动。而且当时在群众中"助人为乐"的风气普遍存在，一经有人倡议，有钱出钱，有力出力，共襄善举。如建造茶亭，设置茶缸、路灯，施桥，砌路，施药，施粥等公益事业，许多人悉心以赴，尽力而为。此一优良传统，历千百年在群众中相沿而不衰。

这些善举，都是群众自发自愿承担经费、劳力、物资。兹将当时公益事业略述如次。

一　茶亭

武平县毗邻广东、江西，与粤赣人民来往频繁，尤以经营商业者。民国前期下坝为武平县商业窗口，赣南人民往下坝肩挑食盐者日达千余人，县城人民肩运大米、米粉、草纸、大豆等土特产往下坝者日数百担。及至民国后期，开辟有蕉武公路、杭武公路，武平商业窗口逐渐转移至岩前，但因往来车辆甚少，俱属烂壳车，当时货运仍以挑为主。

长途肩运货物与长途跋涉旅行，在风霜雨雪、烈日当空下行走，劳累困乏，实不堪言状。幸而这几条交通线上，群众建有不少茶亭供人休憩，而且多数茶亭还备有糕点、糖果、米板、果等食品，以备行人充饥解渴。在茶亭里的驻足行客，稍坐片刻，喝几杯茶，吃些糕点，谈笑风生，疲劳稍解。在休憩之时，往往有人在茶亭壁上用木炭或粉笔题上山歌抒发幽情，兹录二首如下：

其一：

牧牛郎子赶阵归，戴顶笠麻被风吹；

捡得笠麻牛又走，赶得牛哩伴又归。

其二：

送哥送到五里亭，再送五里难舍情；

再送五里情难舍，十分难舍有情人。

当时所建茶亭，非公款所建，全由热心于公益事业者所创建。他看到某地交通要道，山高路陡，或其地与某地相隔路远，往来行人需歇脚之地，兴建茶亭实有必要，于是热心人士提出倡议建亭，一呼百应，有钱者出钱，无钱者献瓦、献砖、献石灰、献桁桷，无料可献者献工，集腋成裘，众擎易举，建造茶亭很快就能竣工。凡武平县的官道上（即石砌路）多建有茶亭数座，一般每隔5～10里。茶亭墙壁镶上石刻纪念碑，将建亭缘起及乐捐人姓名刻于碑上，以资鼓励，并留纪念。

二　桥会

武平县较大的河道有两条，一条为平川河，一条为小澜河，这两条河的支河贯穿着全县大部分乡镇。春夏之交阴雨绵绵，夏秋之时多台风暴雨，洪水猛涨，桥梁常被冲毁，若无人管理，就不能及时修复，影响行人来往及生产生活。因此，当地热心人士发起组织桥会，由理事会出面向各方筹集资金，马上进行修理，或改建木桥为石板桥、石拱桥、屋桥（即荫桥）。如修理费尚有节余则充建桥会基金，全部购置田产，若连年桥无破损，不需修理，则将连年所收租谷出售，所得谷款添置田产，扩充基金。

当时建桥用公款者我未闻有，皆由独资所建、数人集资所建、移用祝寿用款所建、族尝所建、募集所建。如县城东门外的翔凤石拱桥（即东门大桥），清光绪三年毁于洪水，十三年邑绅锺传益募集建桥款修建石拱桥；城东二里许的马鞍石桥，系邑绅多人募建，绅耆陈仲英为之记："县南十五里之盈科桥，为邑人钟孝所建，后来被山洪冲坏，由其钟姓后裔拨祖尝款修复；城北之东安桥属屋桥，岁贡李仑率族人所建，此桥屋高敞，迭废迭修，皆由城北李族修葺。"

武平县桥类中荫桥极为壮观，既可跨桥行走，又可休息纳凉。其中中赤河的"万成桥"，跨河面积较宽。荫桥结构比较复杂，桥墩用条石砌成，桥面用数百根硕大长条杉木架设而成。桥面两侧竖立木柱十余对，用桁桷砖瓦铺设长桥屋顶，桥面用鹅卵石砌成，桥中间的两旁设有神龛，安奉神像。人在桥上行走，如履平地。惜于数年前被特大洪水冲毁。另一处是东留镇大阳村的大阳桥亦盖有屋瓦的荫桥，其结构亦极美观，暑天不少农民在此纳凉聊天。该桥有一副对联："大块文章浮水面，阳春烟景锁桥头"，是从李白《春夜宴桃李园序》文中摘取，"况阳春迢我以烟景，大块假我以文章"二句化作而成，十分恰切、工整，而又自然。

三　茶缸会

茶缸会是由热心公益事业者发起而成立的会，会金由会友凑集，并将全部会金购置田产，田产收租由理事会推举一人经管或轮流管理，翌年初夏起将所收租谷作为当年正式施茶与转席之用。煎茶时间一般在立夏开始至秋分为止，凡四个多月（农历四月初八日至八月十五日止）。

将近夏至时，召开一次理事会。经管人员向理事会报告上年收入租谷情况，并议定租谷价值折成观金，估计煎茶所需茶缸（桶）、茶叶、饮茶用具及柴火等所需费用若干，设置茶缸地点，推举会友一人负责办理施茶工作。

茶缸会是永久性质的，会籍是可继承的，绝不会因故而停办。茶缸设置地点大都选定行人往来甚多的通衢处。据我所知，附城设置茶缸的地点有：东门大桥樟树婆太庙门口，米行街天元店门口的汲香亭，此处的茶缸是由富户王纪堂设置的；南门城门口左侧长条石上，南门外甘露亭前面的大荷树头下的石板上，西门外三大夫人庙前的凉亭下，这三处的茶缸是桥会设置的。北门因地处偏僻，来往行人不多，未闻置有。

有不少乡村的茶亭内，若有人卖茶点者，他也置有一口茶缸放在茶亭口，把粗茶叶放入开水里煎煮，倒入茶缸，冲入冷泉水，谓之"阴阳汤"，方便来往贫苦行人饮喝。

四　路会

过去武平县的主要交通道路，属于官道，俗称石砌路，或鹅卵石路，路基稳固，结构简单。取用河里的鹅卵石在路面上密密麻麻地镶嵌，每个鹅卵石的隙缝间铺下黄泥砂粒。上坡地面则用大的鹅卵石或石块为阶边，阶内嵌小的鹅卵石，铺下黄泥粗砂，亦极坚固。但如遇山岗崩塌，掩盖路面，或山洪暴发冲破路面，修复工程较大者，由当地热心公益事业的人士发起组织路会，筹集资金，并发动群众，立即进行修复。如七坊村的路会便充分发挥了路会的作用。七坊村的东门坝人烟稠密，地势较低，且靠近河岸，每遇下大雨时，河水猛涨，河岸道路常被冲塌。这里有一个路会组织，他们不辞辛劳，马上召开修堤会议，发动群众献工修理，不多久，河岸道路就可修好，恢复交通，便利行人。

五　路灯

民国初期，武平县农民晚间行路，全靠火把照明行走，其火把原料有两种：一为用老松树碎片（含松油多的）装在铁线罩上点火，提着往前行走；一为用竹支篾片，放入水里浸数日，取出晒干，用手执着点火行走。这两种火把不怕风吹和细雨。为官的则用灯笼，士绅富商则用手提茶油灯，后来商店有保险灯出售的时候改用保险灯。

城关地区人口众多，多数人晚间行路没有照明工具，不比乡村农民利用松片篾竹片自然资源丰富便于取用，且城关大小道路纵横交错房屋鳞次栉比，大小巷口甚多，如无照明灯火，容易失脚落圳或碰撞跌倒。为方便夜间行走的人，城关热心公益事业的人心怀仁慈，组织天灯会，筹集资金，在三岔路口及河堤岸边建起天灯，方便无灯夜间行走的贫苦人民。

天灯的形式有石天灯、砖瓦砌成的天灯、装有玻璃挂在木柱上或墙上的天灯。城关装有天灯的约有十多处。灯油俱用茶油（当时没有花生油），由会友轮流点灯。每人一周或半月，从不间断。群众认为设有天灯就有天灯菩萨在那里主宰，所以有的人，孩子出生后以天灯含义而命名的，如光明生、天佑生、天保生、天长生等名字，并将名字写在红纸条上贴在天灯的旁边，祈祷孩子长命富贵。

山多亭的传说

石文美

离武平县城东门外约五华里处，有个自然村叫鸡妈寨下。在该村去东云村途中的山坳间有座茶亭名叫"山多亭"。它的来历有这样的传说。

明末某年间，县外某地举人张瑞图，与武平城关文人钟某很友好。因张家贫，无力筹措上京考试路费。钟某惜其才，写信约他一同赴京考试，并答应资助全部盘缠。张得信后心中非常感激，马上启程来武平。谁料，张瑞图到达武平之日，钟某已离家登程多时，张很失望。张瑞图去找钟某父亲的时候，又受到冷遇。在举目无亲的情况下，张瑞图只得在县城南门坊找到一间猪栏，旁边放有稻秆的地方过夜。翌日天未亮，猪栏主人——靠酿酒开豆腐店为生的林可大前来喂猪，发现张瑞图在稻秆上躺着，经问明情况后，非常同情他的困难处境，当即好言相劝，并把他接至家中食宿。住了几天，林可大看见张瑞图坐卧不安，知他赴京赶考心切，无奈川资无着，便建议他到街上摆桌卖字。张经过多日卖字，积蓄了一点盘缠。一日，张瑞图想到京试日期已近，不能在此久留，便告诉林可大赴京启程日期。刚巧启程那天早上，林可大因事往中山未归，林妻知道武平距京城遥远，所费川资必多，唯恐张举人川资不足，乃将平时自己的积蓄，解囊相助，还将身上的所有金银首饰都奉送给张瑞图添供旅途使用。张瑞图得到林妻慷慨义举，十分高兴并向她作揖感谢。张瑞图吃过林妻特意烹调的早餐后，就匆匆辞别上路了。不多久，林可大从中山回到家中，不见张瑞图，遂问其妻，她告以张瑞图刚刚启程，走不多远。林可大连饭也来不及吃就追赶去了。赶到鸡妈寨下，看到远处的张瑞图背影，就边走边喊："张举人请停一下，张举人请停一下！"张瑞图听到喊声，就停了脚步，回头一看，原来是林可大走得气喘吁吁地赶来。林可大一见张瑞图就说："张举人，我赶来，没啥事，就是怕你上京赴考的盘缠不够，昨日下午我到武所（即今中山镇）催收前圩卖猪的欠款，今早我赶到家里，听我老婆说你走不远，我就赶来了。"说着便掏出腰包里的银圆对张举人说："这一百多元你拿去添做盘缠吧，并祝你一路平安，赴京应试高中。"张瑞图听后，眼泪不禁夺眶而出，当即跪在地上对天起誓："我张某上京应试，若能及第，或日后发迹时，一定要多谢天，多谢地，多谢东家一片好情义。"说完，他俩便依依不舍地分手了。

张瑞图得到林家夫妇的热情资助，顺利地赶上京试日期，经会试、殿试后竟登上了龙榜，中了状元。张衣锦还乡之日，果然不忘当初情义，特地路经武平，做了三件事：一是为报答林可大夫妻俩的恩情，在县城三官堂脚下建了一座孝子石牌坊，并推荐林可大做官，任云南省亦佐县知事；二是赎回其当年在武平落泊时所卖出的亲笔字；三是在当年和林可大分手赠钱受恩的地址建座茶亭，题名为"山多亭"，以示纪念。

"山多亭"虽在十多年前被拆除，但林可大解囊相助张瑞图赴京及第的传说仍在民间流传。

青山峎茶亭里吃馊粥

李坦生

70 年前，下坝圩因水运便利，曾经是闽粤赣交接处的物资集散地，木船来往甚多，集市热闹繁华。

武平城区的商贩，常到江西门岭圩籴米，雇挑夫挑到武平，再挑到下坝圩。籴米后，从下坝买盐包，雇挑夫挑回武平，再到东留、桂坑、门岭。那时土匪多，山路上客商经常遭到抢劫。为了安全，挑担者都要邀集七八个甚至十几个人结伴而行。

从县城往下坝有 60 多里路，要走一天。途中要经青山峎，来往的人爬山走得气喘吁吁，上了山必须在茶亭里憩息片刻。茶亭里有人煎茶并卖茶点、稀饭等食物。一天，一行十余人挑着大米，从县城启程，鱼贯而行。此时正是炎夏，上得青山峎已是汗流浃背、口干腹空了。到了茶亭，撂下担子，纷纷到茶桶旁舀了一筒冷茶咕咚咕咚喝下去。回头看见卖粥者在桌子上放了一大钵芋子粥，上面浮着油星，散着点点葱花，不觉垂涎三尺。动作快的掏出三个铜板抢先买了一碗，大口大口吃起来。稀饭入口，一股馊味，情知上当，转眼一想，我已上当，也得让他们跟着上当一回。于是，不当一回事，吃得津津有味。其他的人看他吃得有滋有味，怕粥卖完，抢先去买。须臾，一大钵粥卖得精光。

休息片刻，挑起担子下山，有人问：花三个铜板吃了一碗馊粥，为什么大家都不吭声？于是大家都责怪最先买来吃的人。先买的人哭丧着脸，苦笑着说："我今天倒霉，吃了馊粥，上当了，也要让你们也吃一吃，大家跌落屎窖平笑，所以我不说。"

青云山与甘露亭

谢观光

老曾，青云山人，79岁。有一天，他讲了有关青云山的传奇故事。

古时的青云山，溪水潺潺花烂漫，峰峦叠翠锁山岚，故名。相传，青云山是梁野山脉延伸而来，溪水是定光古佛作法，把梁野山的清泉引至流来的。青云山的鸡枣树旁风景如画。人们在溪水上作陂拦截，以灌溉周边农田。由于溪水充盈，形成一个壮观的人工瀑布，水帘泻景，犹如玉带。瀑布下变成一个深潭，飞花怒放，供人游戏。溪岸两边山花绽放，柳枝摇曳，莺歌燕舞、鸟语花香，与梁野山瀑布景区如出一辙。真是世外桃源，人间仙境！

仁者乐山，智者爱水。美丽的山水，孕育了许多青云山的志士仁人。这里人姓曾，是古代名儒曾参的后代，据《武平县志》载："曾参五十三代裔孙裕振自宁化石壁村马墩下徙广东镇平，其孙启珉从镇平迁居武平，繁衍东门坝、青云山、万安及东留等地。"青云山曾氏传承了古时曾子、曾巩的衣钵。历代文风蔚起，名儒踵至，涌现了不少风云人物。如曾上锦就是典型的一个，他的中医精湛，尤工妇科，丹心济世，救死扶伤，人们难克的顽疾也能妙手回春。昔时某县令两个老婆就是不生娃，后来请他医治，发现女子冷宫、一虚一实，经几个月的用药调理，结果双双得贵子。县令格外高兴，为答谢上锦先生，县令聘曾上锦为县商会会长，又荐为福建省参议员。上锦先生兄弟五人，各有千秋，个个都是才华横溢，致富能手。尤其是五弟，是当时武平三大才子之一，他学富五车，满腹经纶，疏财仗义，乐善好施，深受群众欢迎。一天，五弟建议兄弟集资做善事，修座茶亭，以方便群众。众兄弟一呼众应。在哪里修合适？村里有个传说："没有汀州府，先有青云山的三棵大树。"这三棵大树（枫树）在青云山到县城的古道旁。是何年何月何人栽种，无法考证。但是，志书中记载汀州府建于唐代开元二十四年（公元736年），可知这大树至民国时期就有1200多年历史了，难怪三人围拢难合抱，树大空心可藏人，但枝繁叶茂，是过往客人遮阴挡雨、乘凉的好地方。经众议，茶亭建在大树旁（古道对面）最为理想。说干就干，不一年，一座崭新的茶亭竣工了，6米多宽，12米长，内砌三合土长凳三排，过往客商可在亭里小憩，农民可在这里乘凉。有一老伯夫妇俩人长期在亭里免费供应茶水，并卖些糕饼茶点，深受群众赞誉。记得当时有一顺口溜："新做茶亭两头空，遮阴避雨又通风，来往客人都称赞，喝口热茶一身松。"

　　甘露亭与大树遥相呼应，它供行人休息，避风挡雨立下了汗马功劳。现在古道被公路代替，甘露亭与大枫树也就无影无踪了。但是，青云山曾氏行善建亭的故事，至今还在民间流传，成为佳话。

漫话金鸡岭和金鸡亭

林和凤

金鸡岭位于闽粤赣公路干线通往高梧、十方交界的地方。这里车辆来往频繁，行人络绎不绝。公路是 1934 年开的。在公路开筑前，金鸡岭上有座茶亭，名叫金鸡亭。来自高梧或十方的行人，都要爬一段陡坡，一到岭顶，多要入亭休息片刻。故金鸡亭在附近群众中留下了深刻的印象。金鸡亭北连金鸡庵，该庵有一厅两间，庵大门开在亭内，亭像是庵的下厅，庵却似亭的后堂。亭庵相连，显得格外宽敞。

金鸡亭、金鸡庵应该是取名于金鸡岭。对于金鸡岭的来历，在十方、高梧一带的老人中，流传着这么一段故事——相传几百年前，金鸡岭上有间破旧的房子，住着一对勤劳俭朴的夫妇，以编织草鞋为生。编草鞋主要用稻草，稻草要经过捶软才能编织。夫妇便置一石于屋里，作为捶稻草时的垫石。捶稻草多了，时间长了，大石被捶磨得平滑闪亮，煞是可爱。捶稻草时往往还会脱落些谷粒在石旁，夫妇俩似乎夜里看见有只小鸡会出来吃谷粒，可想要抓它时，却又不见了，夫妻都甚感奇怪。一天下午，有个过路客人，对这颗黄黄的石头引起了注意。他越看越出神，断定这石头是宝货，就问主妇道："你这个石头肯卖吗？"妇人感到诧异，自思他买这石头有什么用？只好回答说："待我男人赶圩回来才能定夺，我妇道人家不敢答应。"那客人就坐着喝茶、抽烟，耐心地等待。

不久，男主人回来了。夫妇私下商量一阵子之后，就一同出来接见客人。经过洽谈，主人愿以高价出售，客人亦慨然应允，就这样成交了。这时夜幕低垂，客人眼看不能走了，便征得主人同意，在这里住了下来。吃过晚饭，客人告诉主人，我走路累了，得去休息，请你们把这石头抬到锅里去蒸，蒸到哗叭一声响时，即来叫我。夫妇俩照着做，蒸了许久，真的听到一声响，石头裂开了，夫妻定睛一看，见石裂处走出一只金鸡来。他们当下把金鸡藏了起来，换上一只家养小鸡，才去叫那客人。客人起来一看，小鸡死了，自认晦气，拖着沉重的脚步，垂头丧气地走了。

之后，夫妻俩把金鸡卖了，将所得的钱，拿了一部分做庵和茶亭，取名金鸡庵、金鸡亭，剩下的钱买了些田地，勤劳耕种，生活就较富裕了。这是一种传说。

另一种传说，是根据林姓的老人所述。金鸡庵和金鸡亭系鲜水林氏九世祖林小田所建，地点是向肖屋人买来的。昔日林小田的嗣孙，每逢清明节，都会请吹鼓手，挑着三牲等祭品，排着长长的队伍（至少有七八十人），吹吹打打地到金鸡庵祭祀。现在还有不少林姓老人曾参加过祭祀。

相传林小田很有钱，他到上杭探亲，每次都坐着轿子去，到上杭西门的驷马桥时便要下轿。他认为这是奇耻大辱，异常气愤。为了出这口气，就选定在金鸡岭路上做一茶亭，叫上杭人到武平来时也得下轿，并做一庵以便守茶亭的人住宿。因这庵和亭是建在金鸡岭上，所以就命名为金鸡庵和金鸡亭。金鸡庵内有很多菩萨，其中有尊观音坐莲佛，后被外地人窃走了。这是金鸡亭、金鸡庵的真实来历。

前一种传说，纯属虚构的神话，但在群众中已广泛流传，故一并叙述之。

上畲畲心亭

王天喜

畲心亭坐落于武东镇上畲村西约 3 里之处的大山里，四周崇山峻岭，树木葱茏。新中国成立前是武东丰田片区各村村民往返武平县城的必经之路。

此亭建于清咸丰壬子年（1852）。当时丰田片各村民众徒步往返县城乃至中山一带都需经过上畲、袁畲、大岭脑、牛轭岭等处，山路漫漫，旅途艰辛，谁都盼望途中有一休息之地。因此，上畲村与周边部分热心人士通过筹钱献工，用方砖、条石、杉木、瓦片建筑了这一迄今仍然完好无损的茶亭，供行人歇息乘凉。

这是一座四方亭，居于道路中央，前后均为拱形门。亭内左侧开着四方大窗，可依窗眺望田园山色；右侧镶着六块"功德碑"，上刻捐资献工者芳名；地面两侧各置一排石凳，足可同时坐二十余人。拱门上端镌嵌"畲心亭"三个大字，日光下熠熠生辉。因该亭恰处上畲、袁畲"两畲"中心地带，智慧人士因之取名"畲心亭"。

上畲古亭　王天喜 摄

　　茶亭建成之后，上畲村民常年累月乐施茶水供人解渴消倦。茶水倒在大木桶里，几个用小竹筒削成鸭舌形的茶筒安上弯钩竹柄挂在桶沿，路人信手可用，饮茶十分方便。当年一首民谣如今仍在流传：新做茶亭两头空，唔怕大雨刮大风；歇脚食茶样样好，多谢善心伯叔公。

四维饭罗塘乐成亭

王闻福

武东镇四维左田有一条通往汀州（即长汀）的古道。古道上的饭罗塘建有一座茶亭，名曰"乐成亭"。

古时，上杭、岩前、十方、武东一带的百姓上汀州，饭罗塘是必经之路。从中间堂走石砌路到饭罗塘，再经上中（今中堡）到汀州府。

据民国30年《武平县志》记载，"乐成亭"：王廷桢建。王廷桢，又名文郁，号献青，清末秀才，系武平抚民令王均德公二十一代裔孙，居武东四维左田溪背山。王廷桢为供行人遮风避雨、歇脚休整、用茶用饭而捐建了这座茶亭。乐成亭是土木建筑歇山顶抬梁式结构，亭子内外均用石灰粉刷，有20多平方米。东西两边为亭门，亭门上方镶着刻有"乐成亭"三字的长方形石条。南北墙上各开一扇方形窗，亭内光线极佳，亭内南、北两边各砌了供行人歇息的长条石砌台。

古时，茶亭内有人施茶缸，为过路行人供应茶水，小憩休整提供方便。

20世纪50年代后期，高上（高梧—上中）公路开通后，就很少人在此经过，乐成亭也就失去了往日的风采。亭内只有从事农耕和砍柴割草的村民在亭里遮风避雨。乐成亭由于年代久了桁桷腐烂，无人维修，于20世纪80年代倒塌。

万 石 亭

东 文

民国以前，岩前、十方、武东有一条通往汀洲的石砌官道，商贾行旅、货物运输和官民出入都要经过此路，这条路上有一个闻名遐迩的茶亭——万石亭。

万石亭建于狭窄高峻的两山之间，犹如一道雄关，官道从武东方向直南而北、由下而上逶迤而来。

万石亭南面，从乌石村上凹泉水窝开始算起，到亭边计有88级台阶，站在亭中眺望亭外，有数不清的黑黑的乌石布于山坡上，

中堡乌石村"万石亭"　谢福英 摄

形态各异，惟妙惟肖，有的像大猪，有的像平坦宽敞的仙人床，有的似双龙戏珠，有的如金鸡报晓……

传说定光古佛曾从武平梁野山赶了一群"猪"及"猪仔"往岩前水口，这群"猪"沿山坡滚滚而下，猪先行，定光古佛随后紧追，行至中堡附近的一座山，古佛遇见一孕妇，问："见一伙猪带仔否？"孕妇答："没见，只有许多乌石。"话音刚落，顿时满山的猪变成石头不动了，定光古佛叫苦不迭。

万石亭北面，有一条清澈曲折的小溪，在自东向西的溪流上有座石桥曰长安桥。中堡盆地田舍俨然，地畴平旷，犹如桃源仙境。

万石亭是中堡石姓开基祖宗盛公立足之地。传说宗盛公挑

担小卖寻找开基地时曾对天盟誓，担绳断在哪里，就在哪里开基，恰巧在此担绳断落，随后石氏即在回龙窝（中堡村）定居繁衍。

石氏为中堡镇大姓，后裔播迁至广东、安徽、江西、湖南、重庆、四川等地。

永平镇的新老茶亭

方升照

　　客家人千百年来践行文明、友善。百姓不论贫富，素有善举传统，只要有人发起修桥、砌路（石头铺路）、建茶亭、赐茶缸（在茶亭里免费供应茶水），众百姓皆热烈响应，捐钱、捐物、献工，尽己之力，确保慈善事业顺利进行以造福万民。有较富裕者或在外发了财，回到家乡为乡亲们做些善事（如修祠、建庙、修桥、砌路、建茶亭）的也不乏其人。笔者现就永平镇境内旧有的和新建的茶亭用文字略述如后，以"记忆往事，扬其功德，启迪后人"。

明代修建的永平镇杭背村水口顿风桥　李国潮　摄

　　一、永平寨"顿风亭"：在永平寨（现为杭背、田背、岗背三村）的水口上，明朝万历癸巳年（1593）由永平寨民众合力建造了一座单拱石砌廊桥，桥面上部为砖砌茶亭，迄今已有400多年，后经五次维修，现保存完好。有关此桥（亭）详情，笔者另有文字介绍。

二、帽村"卧龙桥"：三拱石桥，始建于清乾隆三十九年（1774），由武平城关西门王雍彦（贡生）父子捐建，20世纪40年代，帽村民众合力在桥面建造木构架茶亭，亭顶盖瓦，亭内设座位，供行人休憩、纳凉、避风雨。整座建筑造型独特，为石砌木构架茶亭式廊桥。1958年修建武北公路时将桥面（亭）拆除，重砌中拱，始得通车。此桥（亭）笔者亦另有文字作详细介绍。

三、孔厦"南岭亭"：地点在田背村至孔厦村的古道上，系明朝初年孔厦吴氏八世祖吴兴二始建，民国8年（1919），孔厦村民筹资、献工重建，砖木结构，茶亭东、西两端留有大门，亭顶盖瓦，古色古香。20世纪70年代开通永孔（永平至孔厦）公路，此亭便失去避雨、纳凉、通行功能，年久失修，于近年倒塌，仅存一堆瓦砾。

四、田背"佛岭亭"：系民国时期田背村上廖屋廖子瀚公后裔筹资献工所建，为土木建筑，地点在古道田背村通往孔厦"南岭亭"中间路段。2008年，廖子瀚后裔合力将旧茶亭拆除，在原址上重建一座砖墙水泥钢筋盖顶之茶亭。茶亭边即为永（平）孔（厦）水泥公路，而不会失却其茶亭之功能。

永平田背佛岭亭　方升照 摄

五、田背石蕉岭新、老茶亭：民国前期，田背、田心里村民众在田背通往梁山村的石蕉岭古道隘口处，修建了一座砖木结构的茶亭，两边来往行人通过隘口，累了，都会在茶亭中休憩纳凉或吃点心。时至 1997 年，省道 205 线改建，正好在此隘口通过而将此茶亭拆除。2009 年农历四月田背村田心里村村民再次筹资献工，在隘口公路边新建了一座砖墙碧瓦茶亭，取名"向凉亭"。

永平田背向凉亭　方升照　摄

六、枫树岭"永兴亭"：2005 年由永平"三村"（杭背、岗背、田背）村民牵头，社会捐资献工兴建，该茶亭坐落于省道 205 线杭背至帽村段中途的枫树岭公路边，砖结构，亭顶盖琉璃碧瓦。

七、钩坑"风景桥（亭）"：在钩坑村水口通往店下村的古道上近年建有两座单拱石桥，桥面建亭，凉亭四边倒水。两桥（亭）一前一后相距只有 30 米。此桥（亭）由钩坑村民刘某升发起，社会各界人士赞助修建，耗资 30 多万元。2014 年动工兴建，2016 年竣工，亭中立有"功德碑"。第一座桥长 16 米，宽 4.7 米；第二座桥长 12 米，宽 3.7 米，亭内供奉观音菩萨，亦称"观音庙"。此举被邻村四乡传为美谈。

八、昭信"禾架子凉亭"：2003 年，由昭信田心寺出资动用善款，在昭（信）帽（村）公路通往下陂的三岔路口（小地名叫"禾架子"），修建了一座凉亭，供来往行人避风雨休憩纳凉。

九、瑞湖"回龙亭"：2015 年，瑞湖"丰稔庵"理事牵头出资，在瑞湖村水口建了一座单拱石桥，桥面建凉亭，取名"回龙亭"。亭中供奉了一尊"财神菩萨"，此处水口树木参天，风景如画，且距村中人家很近，常有老人在亭中休闲，儿童在此玩耍。

永平枫树岭"永兴亭"　方升照　摄

洋畲亭趣事

一　农

洋畲亭，建在洋畲至湘湖古道的半山腰上，在洋畲村的北方。据说此亭始建于清朝末年，木柱、木栏杆、瓦屋面，靠山一面用泥砖砌神龛，供奉的是玄天上帝。传说三只眼的华光，劈山救母，玉皇大帝念其孝心可嘉，封他为镇守北天门的真武真君，人间俗称其为宏天上帝、祖师菩萨。

据说建亭后，玄天上帝成为洋畲村人的保护神，声名远播，香火鼎盛，有求必应，十分灵验。老辈的人，大年三十还要去亭上守岁，陪上帝过年，感恩上帝庇佑，祈求来年风调雨顺，合家平安。传说村民刘某正月外出打工前，来亭上许愿祈求发财，此年果然生意顺畅，发财建房。

20 世纪 80 年代，一年正月初六，一伙外乡来的年轻人，乘 12 型拖拉机去湘湖高云山朝菩萨，那时洋畲至湘湖的公路还未开通，就把拖拉机停在洋畲，步行上山。在洋畲亭小憩时，年轻人好玩，见神像脸上的长胡子很美，就去拔下一绺来安在自己脸上，嬉戏打闹，比一比哪一个更酷。最后把胡子安回神像脸上时说："玩笑，玩笑，切莫当真！"一伙人就嘻嘻哈哈地上山去了。岂料下午乘拖拉机回去时，在离湘坑不远的大石头下急转弯时，拖拉机侧翻在水田里，一伙人男男女女，个个成了泥猴子，所幸无人受重伤。到家后经老人点醒，说拔神像胡子的玩笑开大了、过分了，得罪了玄天上帝。于是几个人买了香烛鞭炮去洋畲亭上悔过，连跌几个"筊子"（一种敬神礼佛的做作），都为"笑筊"——意即"你们笑玩，还你笑玩，略示薄惩，以儆效尤"。奇极，巧极，不失为趣事一桩！

1999 年开洋畲至湘湖公路时，洋畲亭获神像允准，被移建在另一处福地。香火依然鼎盛。

湘湖八角亭

刘亦农

湘湖八角亭，建于清朝中后期，由刘伍峰首倡募款建设。刘伍峰，讳日佐，号良臣，道光、咸丰时人，乐善好施，热心公益事业。

八角亭，建在离湘湖村三四里的水口，在湘湖去湘洋、店下的百花大道，也是"盐上米下"的闽赣古道上。

八角亭，名副其实，呈八角形。亭有两层，底层用石块、石条和三合土砌就，楼上是木柱、木板、木栏杆，中间一厅设供人休憩的座位和远眺的窗户，两侧厢房亦可住人。亭顶八角高翘，雅致美观。外大门一联云："行客往来东道便，山邨管阴北门严。"亭处两山凹口，真有一夫当关、万夫莫开之险峻。

时任刑部主事，后来成为"戊戌变法六君子"之一的刘光第，光绪乙未（1895）来祖乡省亲，面对此古亭、古树、高山，曾"竦立起敬，悠然念……自吾先人未入蜀前，出入经过，至此必尝仰睇俯摩焉"（《庆芳翁寺序》中语）。浮想联翩，感慨系之，流连许久。

可惜八角亭在 20 世纪 60 年代"文革"期间被拆毁，后来开通湘湖至尧山公路，致使如今仅剩一段残墙。

近年，湘湖人曾议择地重建八角亭。不知何时能使此古亭重现，重光啊！

古今员地亭

刘亦农

员地亭，建在湘湖去长汀腊口（今红山）上通江西瑞金的石砌古道上，距湘湖村部约3华里。

员地亭始建于清朝道光、咸丰年间，倡建者为湘湖大户刘朝峰。亭坐西北朝东南，长7.1米，宽5.1米，高5.17米。该亭是武北、汀南、江西长途挑担者和旅人的重要歇脚点。那时，江西的茶油、大米、大豆，店下汀江码头木船运来的食盐、布匹、煤油等日用杂货的运输贸易流通，全靠人们肩挑畜驮。如逢店下、湘湖、腊口圩期，往来商旅，更是络绎不绝。俗云"世上第一苦，挑担行长路"。挑担、步行的人，饥渴难耐之时，多么盼望有个凉亭、茶亭歇歇脚、喝点水啊！员地亭正是挑夫、商旅的福地：四季有人施茶、寒冬有人施粥。

20世纪40年代，员地亭久经风雨剥蚀，瓦残屋漏，破败不堪。热心施桥砌路作善事的刘可绍，首倡修亭。村民踊跃响应，无奈战乱频仍，民众生活拮据，捐资有限。可绍表态，只要工匠尽心修好，不足资金，由他包满。茶亭用三合土石砌墙脚，火砖风火斗子平墙，泥墙出栋，青瓦屋面。当地学士刘美福撰书联文数对，外门楣横书"员地亭"三字，联云："员上汀南下车且息，地归武北勒马暂停。"内门联："员幅纵非宽，若是放开眼界，也是天空海阔；地方虽是凹，如其立隐脚跟，可蹬陡壁悬岩。"亭内两联云："静坐常思自己过，闲谈莫论他人非。""风景这边独好，江山如此多娇。"贴切的联文，俊美的书法，使古亭增色添彩，饱含文化气息。

近年，由刘锡敏等热心人士牵头，北门坑人为主，集资重修了已经破败的员地亭，使古亭容貌焕然一新。

古亭山歌

（33 首）

松口行上甘露亭，
敢唱山歌怕嫌人，
阿哥好比诸葛亮，
唔怕曹操百万兵。

　　（桃汛收集）

新做茶亭四四方，
茶亭有人施茶缸，
阿哥食的嫩茶仔，
老妹食的阴阳汤。

　　（林永芳收集）

高岭岽上做茶亭，
冇茶冇水渴死人，
渴死𠊎妹还较得，
渴死𠊎哥读书人。

　　（林永芳收集）

△葛藤亭里陪妹坐，
亭子下面汀江河，
阿妹肯同阿哥聊，

一起搭船下潮州。

　　（王麟瑞收集）

茶亭妹子水灵灵，
坏就坏在目珠仁，
唔全接身割一下，
三日三夜还在魂。

　　（练康豪收集）

送妹送到风雨亭，
七穿八漏风唔停，
虽然风大凉身子，
黏紧妹子就热人。

　　（王星华收集）

新做茶亭两头空，
不怕大雨和大风，
不怕坏人做暗鬼，
不怕名声到广东。

　　（春浩收集）

高山顶上做茶亭，
茶亭里面等情人，
阿哥连妹心莫急，
婚期到哩自然成。
　　（罗炳星收集）

新做茶亭两头空，
郎子福建妹广东，
只要两人情意好，
咁远路头约得同。
（选自《武平歌谣集》内部版）

哥妹交情十里亭，
两人相爱难舍情，
鸟语花香情难舍，
十分难舍有情人。

哥妹交情五里亭，
五里亭内讲私情，
百样私情都讲尽，
真情实意结姻缘。
　　（邱铅发收集）

哥陪妹，一里亭，
亭内花香香盈盈，
花粉咁香妹身上，
两人相爱结成亲。

哥陪妹，五里亭，
五里亭内讲分明，
父母面前爱孝敬，
夫妻同口爱同心。

哥陪妹，八角亭，
八角亭内问娇情，
你妹人才生得好，
一时不见难静心。

哥陪妹，十里亭，
两人结婚爱家庭，
生儿育女传世代，
孝善爷娘敬双亲。
　　（邱铅发收集）

妹送郎，八角亭，
八角亭内拜神明，
财神菩萨来保佑，
保佑偃郎赚大钱。

妹送郎，十里亭，
两人成婚好知音，
孝敬爷娘亲骨肉，
夫妻勤奋过光阴。
　　（邱铅发收集）

新做茶亭两头空，
今日来个郎流风，
有情老妹入来聊，
莫在门外受冷风。

山岗崇上做茶亭，
石头壁上画麒麟，
咁好麒麟哥舍得，
十分难舍妹感情。
　　（邱清元收集）

南方一出八角亭，
风流妹子假至诚，
砒霜当作白糖卖，
唔知害死儿多人。
　　（王麟瑞收集）

妹子约郎甘露亭，
泡便细茶会情人，
劝哥莫去论茶色，
入口正知味道清。
　　（春华收集）

送郎送到五里亭，
五里亭上难舍情，
再送五里情难舍，
十分难舍有情人。

送郎送到十里亭，
难舍难分泪淋淋，
本当再送十里路，
鞋尖脚小步难行。

（选自《武平歌谣集》内部版）

送郎送到一里亭，
煮只鸡子来送行；
妹妹礼轻情意重，
常把老妹挂在心。

送郎送到二里亭，
怀中取出酒一瓶；
袋中拿出杯两只，
侹与情人来送行。

送郎送到三里亭，
黄金白银赠情人；
黄金不重人心重，
有钱难买真心人。

送郎送到四里亭，
取下金簪送情人；
三钱三分物虽轻，
唔敢忘记老妹情。

送郎送到五里亭，

一把雨伞送情人；
上遮日头保阴凉，
遮风挡雨遮了身。

送郎送到六里亭，
单衣棉衣送情人；
中途路上衣衫烂，
好有替换遮自身。

送郎送到七里亭，
一双棉鞋送情人；
棉鞋好走登山路，
爬岭越岽一身轻。

送郎送到八里亭，
八宝丝带送情人；
丝带本是千条线，
系在腰中挂在心。

送郎送到九里亭，
怀中取出状元红；
画龙画虎难画骨，
知人知面不知心。

送郎送到十里亭，
手抱头儿放悲声；
不哭爹来不哭娘，
单哭情郎离别情。

（方明安、兰李福整理）

注：以上山歌选自《武平客家山歌选集》。

古亭诗选

平明社亭

（明）王守仁

四十年来欲解簪，蒙人王事日相寻。
伏波欲兆南征梦，梁父空期归去吟。
深耻有年劳甲马，每惭无德沛甘霖。
武平未必遵王化，也识寻盟契此心。

登云亭

（清）知府王廷抡

崎岖无异蚕丛路，石径梯悬绝攀附。
苦雨凄风实畏途，瞻天就日如平步。
四围山色傍云低，万点炊烟随鸟暮。
邈邈关河望帝城，心依北斗常趋赴。

鸳鸯岭亭

（清）知县运寿昌

鸳鸯岭畔路纡回，十里松杉次第栽。
斜日迎人青嶂蔽，细风送客紫云开。
难容野叟施斤斧，但许山农辟草莱。
行李往还堪憩息，常将葱郁拟徂徕。

（王麟瑞收集）

古亭对联

到门已识名山近

入座咸欣煮茗佳

作　者：佚名　存于武东太平山旭照亭。

收集人：谢观光　蓝伟文

暑日来时渴烦可解

长途到此风雨无惊

作　者：佚名　存于武东太平山旭照亭。

收集人：谢观光　蓝伟文

善气通人可歌可鄂

后昆垂荫斯咏斯传

作　者　（清）聂德裕　存于十方镇处明村忠家塘善后茶亭。

收集人：聂德清　蓝伟文

处此长途聊小憩

明知半岭且前征

作者　（清）聂德裕，存于十方镇处明村忠家塘善后茶亭

收集人：聂德清　蓝伟文

茶淡颇堪解渴

亭卑尽可迎凉

作　者：佚名　存于桃溪镇小澜村山子凹最乐茶亭。

收集人：余为民　蓝伟文

玄洽天心需保障

上通帝载炳威灵

作　者：佚名　存于桃溪洋畲茶亭（亭还设玄天上帝，一亭两用）。

收集人：刘亦农　蓝伟文

心力劳矣　对此清风聊驻足

程途远否　饮斯白水再扬鞭

作　者：佚名　存于下坝至江西罗塘间的茶亭。

收集人：佚名　蓝伟文

古渡记忆

古渡一览

　　武平县境内有平川河、中山河、中赤河、下坝河、桃溪河，还有流经店下、岭头、悦洋等村的汀江河。这些河流河面宽、河水深、水流急，不易架桥，给沿河两岸的群众带来了生产生活的诸多不便。因此，人们就用木船或竹筏来运载行人和货物，这就形成了许多渡口。

　　古时，县内有渡口26处。主要有：

　　麻姑墩渡：在所城北一里，渡为众姓募捐造船以济，冬易木桥，并购田养渡夫。

　　九龙渡：今平川镇中心桥附近，县南往来要津。清康熙三十八年（1699）改建兴龙桥，渡口始废。

　　民国期间，全县有渡口19处。主要有：

　　石黄峰渡：在麻姑墩渡下。

　　大田渡：通下坝。

　　悬绳渡：中赤、下坝往来之路。

　　车子峰渡：悬绳渡下五里，通下坝。

　　石灰洲渡：平水塘，通下坝。

　　米坑渡：通下坝。

　　村头坝渡。

　　桃溪河是汀江支流。明嘉靖三十年（1551），汀江疏通后，县境岭头、河口、小澜、桃溪等地，开始有商船来往于长汀、上杭之间。民国期间，多时一天往返木船四、五十艘次，有船工100余人。

　　又据民国《武平县志》记载，县境近接汀江者，为湘湖区之店下，在汀江西岸，距长汀之水口二十里，下距小澜河口十里，可直接登舟。次为悦洋，距上杭桐坑塘对岸不远，旧时赴汀者归时，顺水而下，皆乘舟沿近处起岸，而至径口或上杭城起岸尤多。

建国前，县内原有渡口 21 个，大部分是民国前（含民国）设立的。其中：武南下坝河渡口点有 7 处，园丰渡口、石营渡口、大田渡口、车子峰渡口、大成渡口、福兴渡口、石黄峰渡口；武北湘店汀江河渡口点有 3 处，店下渡口、吴潭渡口、河口渡口；武北桃溪河渡口点有 5 处，小澜渡口、银金坝渡口、隆口（黄京坝）渡口、陂礤口渡口、桃溪渡口；武西南中山河渡口点有 5 处，麻姑墩渡口、白鹭滩渡口、曾家嘏渡口、阳民渡口、卦坑渡口；中堡汀江河渡口点 1 处，金山渡口。

上述渡口船工由附近的农民兼职，报酬由当地群众捐派。唯河口渡船工，建国后，每月另由乡政府发给固定补助 40 元。

（王麟瑞收集整理）

昔时古渡

王永发　林传乔收集整理

武平县位于福建省龙岩市西南部，闽、粤、赣三省交界处，南与广东梅州相连，西与江西赣州接壤，境内群山重叠，溪流密布，流域面积50平方公里以上的溪河有18条，东部连接汀江水系，南部连接梅江水系，西部连接赣江水系。过去公路交通不便的时候，交通出行、经济贸易和农耕运输非常依赖水路交通。据调查武平县70年代仍有21个渡口码头，基本都是民国以前设立的，主要集中在汀江河、桃溪河、平川河、中山河和下坝河流域。随着二十世纪90年代"渡改桥"政策的实施，逐步将渡口改建成桥梁，目前仅剩中山卦坑和下坝石营2个渡口仍在使用。

湘店店下渡口　李国潮 摄

一　武南下坝河流域的渡口

1. 福兴渡口：位于下坝乡福兴村，通过下坝河与中山河相接，河面宽100米，水深7米，左岸为石屋自然村，右岸为礴头塘自然村。

福兴渡口旧址

左岸：石屋自然村

右岸：礴头塘自然村

　　2. 石黄峰渡口：位于下坝乡福兴村，通过下坝河与福兴村相接，河面宽 30 米，水深 7 米，左岸是上峰自然村，右岸是下峰自然村。

石黄峰渡口旧址

左岸：上峰自然村　　　　　　　右岸：下峰自然村

　　3. 大田渡口：位于下坝乡大田村，通过下坝河与下坝墟相连，河面宽 160 米，水深 4~8 米，左岸为凹下自然村，右岸为船子头自然村。该渡口设立于民国以前，曾经使用八人划桨的大船，由村民轮流撑船，主要用于村民过渡，农田、林地耕管和村民赴墟。

大田渡口旧址

左岸：凹下自然村

右岸：船子头自然村

4. 大成渡口：位于下坝乡大成村，通过下坝河与大田村相连。河面宽80米，水深6米，左岸为牛头窝自然村，右岸为贤成自然村。该渡口设立于民国时期，渡船主要用于渡人及粮田、山地耕管。

大成渡口旧址

左岸：牛头窝自然村

右岸：贤成自然村

5. 车子峰渡口：位于下坝乡大成村，通过下坝河与石营库区水电站相连，气候四季分明。河面宽80米、深6米，左、右岸均为车子峰自然村。

车子峰渡口旧址

左岸：车子峰自然村

右岸：车子峰自然村

6. 石营渡口：位于下坝乡石营村，通过下坝河与大成村相连。河面宽 200 米，深 12 米，左岸为民房居住区、石营水电站，右岸为粮田、山场开发区。

石营渡口旧址

左岸：芦下自然村

右岸：芦下自然村

7. 园丰渡口：位于下坝乡园丰村，通过下坝河与石营村相连，河面宽 100 米，深 7 米，左岸为河东自然村，右岸为河西自然村。

园丰渡口旧址

左岸：河东自然村

右岸：河西自然村

二　武西南中山河流域的渡口

1. 麻姑墩渡口：位于中山镇太平村，与中山河、平川河相连接，河面宽 50 米，水深 5 米，左、右两岸均为太平自然村。

麻姑墩渡口旧址

左岸：太平自然村

右岸：太平自然村

2. 白鹭滩渡口：位于中山镇太平村，通过中山河与麻姑墩相连，河面宽 60 米，深 6 米，左、右岸均为太平自然村。

白鹭滩渡口旧址

左岸：太平自然村

右岸：太平自然村

3. 曾家塅渡口：位于中山镇阳民村，通过中山河与白鹭滩相连，河面宽 50 米，深 5 米，左岸为蕉头坝自然村，右岸为曾家塅自然村。

曾家塅渡口旧址

左岸：蕉头坝自然村

右岸：曾家塅自然村

4. 阳民渡口：位于中山镇阳民村，通过中山河与曾家塅相连，河面宽60米，深6米，左岸为杨柳坡，右岸为岐山岭自然村。

阳民渡口

左岸：杨柳坡

右岸：岐山岭自然村

5. 卦坑渡口：位于中山镇卦坑村，上与中山河阳民村相接，下与石黄峰库区相连。河面宽 500 米，水深 12 米，左岸为岗上村，右岸为卦坑村。

卦坑渡口旧址

左岸：岗上村

右岸：卦坑村

三   武北桃溪河流域的渡口

1. 桃溪渡口：位于桃溪镇桃溪村，桃溪河与陂磜口河水相连，河面宽 35 米，深 4 米。

桃溪渡口旧址

左岸：桃溪自然村

右岸：桃溪自然村

2. 陂磉口渡口：位于桃溪镇小澜村陂磉口自然村，与隆口河流相连，河面宽80米，水深7米，左、右岸均为陂磉口自然村村庄。

陂磉口渡口旧址

左岸：陂磉口自然村　　　　　右岸：陂磉口自然村

3. 隆口（黄京坝）渡口：位于桃溪镇小澜村，与桃溪河隆口
（银京坝）河水相连，河面宽 60 米，深 4 米，左、右岸均为隆口自
然村。

隆口渡口旧址

左岸：隆口良田、山地

右岸：隆口良田、山地

4. 小澜渡口：位于桃溪镇小澜村，通过桃溪河与银金坝渡口和隆口渡口相连，河面宽 50 米，深 4 米，左岸为余屋，右岸和刘屋自然村相连。

小澜渡口旧址

左岸：余屋

右岸：刘屋

5. 银金坝渡口：位于桃溪镇小澜村，通过汀江河与河口相连，河面宽80米，深4米，左岸为陈屋自然村，右岸靠张屋自然村。

银金坝渡口旧址

左岸：陈屋自然村

右岸：张屋自然村

四　武北汀江河流域渡口

1. 店下渡口：位于湘店乡店下村，通过汀江河与长汀县相接，水面宽 218 米，深 7 米，左岸为河背自然村，右岸为店下自然村。

店下渡口旧址

左岸：河背村

右岸：店下村

2. 吴潭渡口：位于湘店乡店下村，通过汀江河与店下渡口相接，河面宽 218 米，深 7 米，左岸为吴潭村，右岸为浪下村。

吴潭渡口旧址

左岸：吴潭村

右岸：浪下村

3. 河口渡口：位于湘店乡罗屋村，通过汀江河与吴潭渡口相连，河面宽 218 米，深 7 米，左岸为罗屋自然村，右岸为店下自然村。

河口渡口旧址

左岸：罗屋自然村

右岸：店下自然村

五　中堡镇汀江河流域的渡口

金山渡口：位于中堡镇岭头村，通过汀江河与上杭县相连接，河面宽100米，深15米，左岸为上杭县旧县乡，右岸为武平县中堡镇岭头村石北坑自然村。该渡口设立于民国时期，主要用于渡人往返上杭县旧县乡集市赶集及粮田、山场耕管。

金山渡口旧址

左岸：上杭县旧县乡

右岸：岭头村石北坑自然村

吴潭渡口

梁玉清　刘永春

　　汀江发源于木马山，出龙门，流经长汀、武平、上杭、永定，在广东大铺三河坝与梅江、梅潭河汇合成韩江。

　　武平湘店店下就位居汀江中游要冲。一条大道穿村而过，上通长汀，下连武平、上杭。汀江水，从长汀上游浩浩而来，直奔上杭、峰市方向，流入广东，与梅江汇合而为韩江，经潮州、汕头流入南海。

　　由于独特的水陆之便，弹丸之地的店下，成为旧时武平仅有的两个水陆码头之一。

　　沿江而下两岸有吴潭、罗屋、河口、茶头岗、牛湖下、寨角、凹背、沿上等自然村。

　　因一江之隔，交通不便，吴潭渡口便成了店下河口、吴潭、罗屋等汀江两岸群众往来过渡的驿站。

　　渡口极简，几块岩石堆垒，岸边打一木桩，用于系船。汀江河风光旖旎，江水澄澈，河鱼、田螺是最美的记忆。那时的汀江上下游均未建水电站，水不深，沙滩广阔，偶有水潭，多见水流转弯处。渡口的木船是专用的，船不大。用竹篙撑船，可双人撑，亦可一人操纵。船的中间可坐五六人，有顶篷。艄公有些年间是指定的，有些年间是家家户户按一墟或一星期轮流，成人男丁都会游泳撑船。

　　吴潭、罗屋的人们出行、回家、买卖劳作、走亲访友必经此渡。旧时最艰难当属小学生，吴罗分班只有一年级、二年级，三年级后就要坐渡船前往店下小学就读。

古渡山歌

（17 首）

哥穿白衣坐船头，
妹穿花衣坐彩楼，
想和心肝搭句话，
船要走来水要流。

心中有事想开来，
要把愁闷放一堆，
藤断自有篾子驳，
船到滩头水路开。
（选自《武平歌谣集》内部版）

咁久唔曾搭船下，
唔谛河底水推沙，
咁多阿哥妹唔晓，
莫怪𠊎妹冇嘴码。

（林红生收集）

好船唔靠歪河滩，
金鲤唔跳浑水潭，
好妹爱配好郎哥，
甜柑莫放酸橙盘。

撑船撑到柳树边，
柳树荫荫好泊船，
老妹好比柳树叶，
怕风吹到别人船。
（选自《武平歌谣集》内部版）

鸳鸯成双下河边，
阿哥和𠊎一线连，
生同阿哥共河水，
死同阿哥共灶烟。

（田心收集）

哥送戒子一枚金，
失手跌落河中心，
戒子打走𠊎舍得，
难舍阿哥一片心。

（王星华收集）

情哥又好声又软，

好比下坝河水面，

好比下坝长流水，

绕绕韧韧掷唔断。

　　（刘永泰收集）

急水撑船难上滩，

初学连郎甚艰难，

心头好比擂战鼓，

面上好比火烧山。

　　（刘永泰收集）

郎和妹子同过河，

郎骑白马妹骑骡，

郎骑白马叽叽笑，

妹骑骡子笑呵呵，

心想贪花人又多。

郎和妹子同过河，

抛官路上挂铜锣，

好郎唔须铜拔打，

好妹唔须话言多，

只爱两人有情歌。

　　（兰礼永收集）

咁久唔曾到河边，

唔知河水浑呀鲜，

咁久唔曾同妹聊，

同妹一聊会上天。

咁久唔曾到河边，

河水敢大沙紧崩，

咁久唔曾同你聊，

同你一聊开片天。

　　（邱清元收集）

河背种竹河前荫，

竹尾拖到河中心，

灯芯拿来打秆饼，

见哥唔到挂在心。

（选自《武平歌谣集》内部

版）

一条河水向东流，

流出潮州到汕头，

锋利刀来难割水，

锋利刀来难割愁。

　　（天兰收集）

中间一条平川河，

榕树头下人咁多，

榕树千年唔倒毕，

留偃同妹唱山歌。

　　（郑选和收集）

阿妹河边洗衣裳，　　　　　　忙拿竹杆来赶狗，

起眼看见偓情郎，　　　　　　双手牵郎进妹房。

（陈龙连收集）

注：以上山歌均转引自《武平客家山歌选集》

古埠沧桑

千年溪流话变迁

　　昔时陆路交通不发达，货物流通主要靠肩挑手提；外出的人们，有钱者骑马、坐轿，贫穷者走路。但人类毕竟是聪明、有智慧的，老早就认识了水的特征之一——"水能载舟"。于是我们的祖先就发明了舟、船、排筏。利用水的力量，替代人的苦力，而且提高了效率。旧时，武平县域内，凡在水流量较大的溪流，就有舟、船、木筏、竹筏的踪影。久而久之，这些溪流就成了"航道"（水路）。有了航道，自然就有为航道（水路）上货物装卸、储存，旅客上、下船的地方，这就是"码头"，有了码头，就必须有为码头服务的人群和设施，如旅店、仓库、堆放和交易等场所，这就产生了"埠"。旧时，当地人们称为"码头"的，仅有汀江河的店下，下坝河（石窟河）的下坝，中山河（武溪河）各有一处简陋得无法再简陋的码头，仅为货物上、下停留和驳运时使用，无任何"码头"所需的设施、设备，亦无固定的搬运、管理人员。而平川河、中赤河、岩前溪、背寨溪等处的"码头"，仅由几块大石头垒结而成，岸边的树木作为拴住船只的缆绳桩，场地狭窄，它仅是供货物短暂停留、转运时使用。充其量仅可作"埠"使用。而桃溪河上的所谓"码头"，场面虽大，但主要供储、堆木、竹，一俟钉成竹排、木排后，即运向下游。当地人们习惯把这些地方称作"渡口"。是故，不论是清康熙年间重纂还是民国时期编修，或是新中国成立后编的《武平县志》的卷目中，仅有航道（水路）、渡口的记载，而无"码头"或"埠"的记载。

　　航道（水路）的形成，跟路的形成过程一样，漫长而又艰巨。这是因武平县是属丘陵地带，水流分散，落差很大，水深莫测，峰高壁立，幽邃凛冽。虽有种种艰难险阻，但终究难不倒顶天立地的客家汉子，他们传承了客家人的聪明才智、吃苦耐劳的精神，勘水路、炸暗礁、除险滩、浚水路、集水流，终于开拓了一条条能行驶舟楫的"航道"（水路）。现据清康熙三十八年重纂、民国30年编修、1983年编的《武平县志》中记载的航道（水路）综述如后。

武平的主要河道有平川河、中山河、中赤河、下坝河、桃溪河和汀江河。1958年以前，能通航的有57公里，其中桃溪河和汀江河19公里，下坝河、中赤河38公里。

一　平川河

平川河古称南安溪。全长17公里。明清时有舟楫往来。民国后因水土流失，航道淤积，仅能流放排筏。

二　中山河

中山河又称石窟河。上接南安溪、东留溪，于石营汇中赤河后流入下坝河，全长49公里。中下段顽礁险滩交错，河面狭窄，水流湍急，素有"十里险滩"之称，舟楫难行。

三　中赤河

中赤河上接宁洋溪、岩前溪和处明溪，于河子口汇合下坝河流入广东蕉岭，全长30公里。能通1~3吨木船，是武南的主要水上航道。

四　下坝河

下坝河上段为闽粤赣三省边界河，县境内8公里，与中赤河汇合后，流入广东蕉岭石窟河，入韩江，后进潮汕后入南海。河面宽阔、平坦，少暗礁险滩，常年可以通航载重3~4吨的木船，是公路交通发展之前武平对外通商的重要航道。上段为中赤、下坝两河汇合而成，境内 38 公里。元、明间武平山货输出，盐、布、百货输入，多经此水道，明正德十二年（1517），南赣巡抚王守仁为镇压闽粤赣边境的农民起义，堵塞了下坝河河子口以上的 7 处河道，从此武平下坝通潮州的船运中断，只能流放排筏。1957 年蕉岭长潭水电站建成，航道进一步堵塞。

五　桃溪河

桃溪河属汀江支流。全长 32 公里，上段由于航道淤积，民国期间已不能通航。中、下段可通航载重 1.5～3.5 吨的木船。1983 年 5 月陂带口筑坝建水电站，航道被堵塞。

六　汀江河

汀江河武平境内段仅 5 公里，流经店下、岭头、悦洋等 3 个村，能通行 20 马力载重 2～4 吨的机动船，是湘店、中堡乡对外通商重要航道。1981 年武汀公路开通后，客货运输大多改为汽车，水运日渐减少。

岁月悠悠，航道悠悠。昔日艄公慷慨壮烈的摇橹声，现已被欢快悦耳的汽车喇叭声代替。昔时武平航道的开辟，彰显、升华了客家人的品格。如今老态龙钟的古航道（水路）成了武平客家人挥之不去的乡愁，传留在一代又一代裔孙们的心中。

"云山苍苍，江水泱泱，古老航道，永远流芳。"

（罗炳星收集整理）

武 溪 河

林仁成　程荣昌

武溪河是武平县的大溪之一，发源于东留乡（古之大阳村），接壤龙溪河、上坑河流入中山境内，现之中山河即明代化龙溪，亦称武溪河。只是在 1940 年之后，由于武所更名"中山"，才被称为"中山河"（也算护城河）。中山河在离中山 5 里之外的太平村，与今武平县流来的平川河汇合，并流向下坝西南的园丰村至河子口汇集中赤河、下坝河。三河合一后，才称为"石窟河"，水流域面积 1125.5 平方公里。三河合一后流向广东韩江。

明代以后，中山镇一直保持商业经济重镇的地位，肩挑者和下自广东、上至江西的商贾客人，每年有四五百人，成为经济联系中心枢纽。古时本地经商者有"上东留、下下坝""盐上米下"的说法。1939 年间，在城中村往桥伯公潭，最多时一天到过从广东来的数十艘民船，川流不息、上上下下，由广东水运盐巴到中山，在中山、东留、武平县城销售，然后购买大米运往广东地区，成为水运的重要枢纽。

改革开放后，武溪河流域先后建起了"东留水电站""县二级水电站""龙峰水电站""中山神仙峰水电站"，县建"石黄峰水电站"，原先的水运航道被便捷安全的公路交通所代替。而这些电站的相继建成，却为武平县经济发展，人民生活提高，解决照明和工业用电，奠定了良好的基础。

店下码头的由来

一　农

据说，明朝以前，山车村属武平管辖，而店下村归长汀管辖。正统年间，明代大理寺卿、总督边储刘隆告假回湘湖省亲，从京城先到汀州略作停顿，再从汀州乘船沿汀江而下。可是，汀江两岸，尽归长汀县、上杭县管辖，武平县连个码头都没有，出入殊称不便。刘隆就和陪同的汀州知府说起此事，希望妥善解决。汀州知府即出面请长汀、武平两知县协调，商定将武平的山车村换长汀的店下村，并获上司批准。从此，武平在汀江上有了从店下到河口一段 5 里长的深水航道，并建起了店下码头。古时候，南方丘陵山地陆路交通不便，水路运输给当地经济贸易带来极大便利，也带来可观的赋税收入。从这点看，山车村当然比不上交通称便的店下村。以故，长汀人士觉得吃了亏，说："差了差，店下换山车！"

昔时店下码头一瞥

蓝道川　整理

店下地处汀、杭、武三县交界的汀江之滨，水路交通向来便利。店下北往长汀城，南通上杭城，各为 120 里。店下通过水陆交通，把毗邻的广东、福建两省边陲地区群众的经贸交往联结起来。昔时，它曾以武平县的武北码头著称。

明朝正统年间，店下原为长汀辖地，在时任明代大理寺卿、总督边储刘隆的鼎力推促下，店下划归武平之后，当地区乡当局和商旅，发挥其地理优势，开辟集市，建造商店，市容逐渐繁荣起来。据说，清末至民国时期，每逢农历一、六墟日，赶墟者常有数千。尤其在农闲时节，赴墟群众更多。每日过往船只达二三百艘，有的停泊于店下，有的则漂江而去。当年群众中流传着"上河三千，下河八百；上河铁船纸艄公，下河纸船铁艄公"的顺口溜，来概括说明来往船只之多和江河之险与夷。所谓"上河"是指回龙白头礤上溯至汀城一段，约有 3000 艘船，此河段平坦好走，船只往来少出事故，故称"铁船纸艄公"；"下河"是指回龙白头礤以下的河段，约有 800 艘船，沿河险滩极多，水流湍急，常闻翻船噩耗，故称"纸船铁艄公"。那时店下附近群众的船只就有五六十艘之多，船工有三百多人。他们靠船只替商旅运货挣钱，餐风宿雨，披星戴月，历尽艰辛。另外靠肩挑谋生的也有三百多人。运货船只可分为两类。一曰"墟船"（即快船）。就是一墟（五天）之内，要往返于店下至长汀或店下至上杭之间，每只船至少要用船工六人。一曰"非墟船"（即慢船）。它载货往返一次的时间可超出一墟，自由掌握，每艘船一般用三个船工即可。店下繁盛时期，店铺不少，计有土纸行三家：

广丰店、广成隆、全春店；布匹百货兼收米豆油的有好几间：人和祥、同顺昌、祥记、云商栈、恒顺昌；中药铺有三间：济仁堂、仁和堂、福星堂。土地革命时期武平县苏区还在这里办了武平县苏维埃政府药材合作社；客店兼豆腐酒店有十多家：集成店最为有名，还有龙丰店、可赞、遵来、天泰、永祥、可康、营利、经利、可宁、凯丰、庆德、全后等。民国后期，私商还在这里开设过铸铁厂，铸造生铁，运往汀、杭出售，并供应附近铁匠制造农家具之用。墟天，店下货物吞吐量颇大。每墟食油交易曾多至 300 担（每担老秤约 80 斤），茶油从江西运来，生油从广东运上；米、豆六七百担，大都由江西、长汀运来；土纸五六百球。还有布匹、百货、食盐等，交易额亦不少。布匹百货多由长汀运来，食盐多由广东运上。广东运上的食盐每包约重 30 斤，群众叫作"牛头包"。米、豆、土纸由商旅收购后，用船只运往上杭。那时湘店地区土纸生产相当发达，计有一百多家纸厂，以七里、三和、郑屋坝最多。距店下 5 里地的河口，为武北（包括今永平、桃溪、大禾、湘店四个乡）的木材出口处。平均每墟木排出口十多架（每架约 30 立方米）。木排到了河口，即由小排改钉大排，通过汀江运往峰市；再斩排，让木头一根根地漂流到石巷，复钉排运往潮州、汕头出售。当时武北运出销售的木材，大多在峰市出卖给广东木商，而且仅限杉木（毛竹还是极少数），其他松杂木是没有销路的。土纸、木材为武北山区的大宗出产，劳动群众靠此谋生者甚多。所以当年不少贫苦老人嘱咐后辈说："生活难熬时，宁可卖田莫卖岭，日后子孙有还'生'。"

当时店下墟赌博风也极为盛行。平时多打纸牌、打麻将，偶尔也有"抓摊"赌博的。每逢墟天则多摆"摊桌"聚赌。多时赌桌达二十多张。每桌有一赌棍坐庄"抓摊"，多人投赌。头家抽骰钱，乡公所收赌捐。在旧社会，凡赌风越盛行时，社会风气就越坏，土匪盗贼就越多。赌博实危害极大。那时商业繁盛的店下，也往往成为地方恶势力捞钱的必争之地。抗日战争胜利后，蒋介石违背民意打内战，国民党地方政权日益为地方恶势力所把持。匪霸之间往往又互相倾轧，以致社会秩序相当混乱。当时店下沿汀江上下，从羊牯至圆当一带 30 里的河域内，地方大小匪霸曹启明、刘绍光、王佐才等占地为王各设据点强收"河税"，多时竟达十五个收"税"点。羊牯、官畲、河口、店下、燕上、美西角、长坝、圆当等地是他们常驻的收"税"点。凡来往船只据载货物贵贱和数量多寡情况，每只船都要收五至二十块光洋的过河税。有时匪霸稍不顺心就开枪打死人，弄得商旅船工惶惶不安。尤其是白头礤，船工们都视为断魂之地，匪徒们跳出来，往往强令把货取走，将船只打烂沉掉，要船工回告货主，说是船只在白头礤打烂货沉，"报销"了事。特别是船家经多年积累才得以制成的谋生船只，一旦被白白地打烂沉没，实在苦楚难言。后来，国民党的上级政府派保安团来此剿匪，驻扎于店下。住了一个多月，剿匪不获，反而打死了丘坑的 6 个群众。保安团当时打着护河队旗号，实则照样收河税。后来因油水被连长一人吞食，引起内讧，连长被迫逃之夭夭，旋即部队也撤走了，地方恶势力看到保安团也不过如此，就更加称王称霸、肆无忌惮了。平民百姓则看清了保安团的真相，保家保命不寄希望于他们了。在这"风雨如磐暗故园"的岁月里，店下墟自刘绍光、刘佳模、刘炳光等互相争利，商业贸易就日渐萧条，后来，店下墟期，三年内无人赶集。直至 1950 年解放后，马路逐渐开通，方便、快捷、高效、安全的汽车运输代替了木船运输，店下墟又逐渐恢复繁荣兴旺起来，昔日的店下码头却逐渐退出了历史舞台，但店下码头昔日的繁忙景象仍深深地镌刻在老一辈人的心中。

店下码头追忆

林富兴　王毅元

　　湘店乡店下村地处武平县北方边界，毗邻长汀濯田、上杭官庄，紧傍汀江，是汀、杭、武三县通过水路通向远方的一条重要水道。想当年水运发达的年代，店下是个经济活跃、商贾云集的繁华地。

　　昔日店下码头，今已杂草丛生。沿着当年通往码头的石阶一级一级往下走，当地村委会主任刘厚桂边走边介绍。他指着被江水浸没的湖中心说，当年的店下码头占地有近千平方米，生长在码头边上的两株巨大的柏子树，如今因建电站被淹了，码头已经不再。水运年代，店下码头是江西赣南地区、汀州府和武平县的武北、武东地区与外界经贸交流的咽喉所在。

　　客家母亲河——汀江，流经此处拐了个弯，直奔广东而去。也正是汀江的水滋润了这一方的土地，养育了这一方的人，富裕了这一方的商贾。据当地老人刘添养回忆，当时紧挨码头的店下街有200多米长，吊脚楼近百座，沿街店面100多间，多经营米、油、大豆、布匹、金银和药材，也有大烟馆（即鸦片烟馆），每日云集于此的挑夫不下300人。刘添养老人的父亲是一位曾经的船夫，他老人家亲身见证了店下河上运输的繁忙，每天过往船只达六七百艘之多；船上的船夫通常会有四五人，一般食宿在船，航行时船头2人左右撑篙，船尾1人掌舵，船舱内候班一二人，遇险滩通行困难时则临时靠岸，船头2人解下拇指粗的篾绳（用竹篾编成）上岸拉纤助行，篾绳因受汗水长期浸渍而变得油光透亮。运往广东潮州、汕头方向的主要是大米、大豆、食油、土纸等农产品，也有流放树排的，单树排每年就有几万立方米。这些船只回来时就换成了食盐、调料等日用品。店下是重要的物资集散地，商贾云集。民国时期，国民政府还在此设立了征税点。

当年刘亚楼等革命先辈，正是通过店下的码头上汀州、下上杭，从此踏上革命的道路。建国后，刘亚楼将军曾两次回到故乡，离开时都是在店下码头上船坐到上杭，据刘添养老人讲述，两次的离开都是他父亲刘旺进撑船护送的。

如今，因汀江河上下游多座电站大坝的建设，拦断了河流，曾经辉煌的店下码头，没有了昔日的风光，店下的街道也因修路被毁了，现可见的只是零星散落的几座吊脚楼和残破的三两间店铺，往日人头攒动的景象不见了，河面上也没有了来来往往的船只。店下码头像个历史老人，见证着汀江水运史的兴衰。听闻政府有关部门有恢复汀江河航运的规划，期待着汀江河上能再现百舸争流、千帆竞发的繁华景象。

店下码头　林富兴　王毅元 摄

中山墟市史话

德炳　基仁

中山墟昔称武所墟，是武平西南的商业重镇。曩时，它把下坝、武所、县城、东留在经贸往来上连成一线。在武平县没有公路运输前。货运除肩挑者外，全靠水路运输。在沿溪河两岸建起了几个较大的"码头"，供货物储存、装卸，使武所成为水运要冲，名扬闽、粤、赣，在中国地图上可查到武所，可见武所得益于码头而形成的墟场源远流长。

过去，在武溪河码头附近的武所墟非常热闹，商业繁盛。水运、肩挑之货物，即广东的盐经武所运往江西，江西的米、豆经武所运往广东。每日里客商云集，肩挑民夫来往不绝，码头不远处的城中猪子墟边，老城北门坎下码头附近，客店林立，盐仓成排。相传古时每日有往来运输的木船三四百艘。众多的木船承担着"盐上米下"等大宗商品转运的重任。那时，中山河上常年木排成群，飘荡着放排工人悠扬的歌声。

20世纪40年代以前，中山墟只有一条三米宽的鹅卵石铺成的小街，从老城迎恩门至新城下庙笠麻亭下，约一华里长。正如当地人所形容的"左手买香烟，右手买火柴"，说明街道极狭窄，但因航道码头带来的便捷、便利，每逢墟日或盛会，则拥挤得人在街道寸步难行。

1938年，广东军阀陈济棠部严应鱼旅周本忠营长驻中山，他看到中山水运发达，码头众多，带来了商业的繁荣，曾经发动店家改建街道，把旧街道铺上"三合土"（即石灰、黄泥、沙石各三分之一），街道两边改建一米宽的骑楼（至今仍存），便于街上行人来往。从此迎恩门至下庙的街道行人，雨天可不用伞笠而不受雨淋。

为周边各条航道货物交易和顾客往来的方便，中山墟期定为每逢农历三、六、九，与东留墟逢二、五、八，下坝墟逢一、四、七错开。新中国成立后，因种种原因，中山墟曾先后改为逢星期日或逢农历四、九日为墟天。80 年代初，改为逢农历一、六墟日。党的十一届三中全会以后，中山、东留、下坝又恢复了往昔的墟期。

旧时武西南牛岗圩设在武所。每月农历逢六为墟天，墟址在老城西山岗刘家围背后（现该地仍沿用牛岗墟的地名）。据说，当时因水道交通方便，牛岗墟生意兴隆，广东、江西客商南上北下，好不热闹。著名牛医刘寿荣的祖传技术就是在牛岗墟上学来的。传说牛岗墟地下埋有铁牛一只，是表示牛岗墟兴旺的吉兆。自县治由武所迁至今城关后，武所牛岗墟也自然中止。埋在地下的铁牛也搬到武平县城牛岗墟去了。铁牛埋在何处，可能如今已无人知晓了。

1939 年，潘顺荣掌权中山，又重开牛岗墟，地点设在今树德桥沙滩至大河背码头上，还建有简易凉棚为收税处。但为期不长，牛岗客又改赴县城农历逢六为墟天的牛岗墟了。

旧时武所的水运航道通向广东，以航道为纽带，墟上的商贸经济多被广东梅县商人垄断，如"发祥""裕丰"等大商号，资金雄厚，营业额极高。本地没有什么富商大贾，只有些小号摊店，如"增和隆""恒立魁"等。可见当时武所人还是以农为主，经商意识不浓。

新中国成立后，特别是 20 世纪 60 年代以后，武所的航道、水运逐渐被公路汽车替代。源于原先航道水运给武所墟奠下了坚实的商贸基础，国家、集体开办了百货商店、供销社和粮站。货优价实，群众买卖极为方便。如今，改革开放，大力发展市场经济，墟市面貌大为改观。新辟了一条新街，从永安桥至树德桥头，全长一里许。街道宽敞，单柏油路面就有 6.3 米宽。市容整洁美观，有新的供销社、银行、信用社、邮电所。新店铺鳞次栉比，一栋栋现代建筑屹立在宽敞的新街两旁。那墟头河边的码头上，新建的公路大桥横跨在中山河上。公路北通县城，西往民主乡溪头墟，南至下坝墟，南来北往，交通称便。

昔时亭头村的放排业

李国潮

亭头村位于桃溪南部，与永平、中堡相邻，田少山多，是一个典型靠山吃饭的村庄，村民全为李姓。发源于梁野山最大水量的谷夫河经孔下、朝阳、塔里 30 多里水路到达亭头，与发源于唐屋、昭信经帽村、中潲 30 多里水路的帽村河在此村口汇合，形成水量充足的亭头河流入桃溪经小澜注入汀江，直达潮州汕头。新中国成立前，武北未通公路，亭头因水路发达而成为武北四乡的中心。有当时全县最繁忙的水上放排业。所以，历史上亭头人曾靠水吃饭。

古航道（工人们在漂流木排）

亭头山上的杉木，一年砍 4 次，其中农历九月霜降前后砍的树质最好，八月白露前后较差，然后就地剥皮，一个月晒干后取 6 米长一条的树筒，滚入山峡，靠溪水一根根浮放到亭头。若溪谷水量太小，则要到第二年趁山洪暴发时利用洪水放行。亭头村上游的两条河流域面积很大，南到梁野山，西至与江西交界处，东到中堡与上杭交界处，基本上达武北的三分之二面积，是武北森林最茂盛的地区。两条河的水路均三四十华里。数十个村庄的杉木全都要到亭头钉排放行。因为亭头村口有两处天然的河港，水势平缓，沙滩广阔，二处都有二三百米长，又在村庄上游，便于看管。在宽平的沙滩地上起放木筒特别方便，能堆放来自各乡各村大量的木筒及钉排用的配件，还可加工木排上的用具。长长的河滩能容纳十架木排同时钉放，是整个武北最理想的钉排场所。

如果道路特别崎岖而又狭窄，则用另一种方法——把圆木从山上溜下来，省时又省力。（照片由县档案馆提供）

钉排，就是将木筒放在浅水滩上，排成宽 2 米、长 6 米（即树长）的长方形，把两条直径 6 厘米、长 2 米的硬杂木用特制的竹钉套。上竹圈钉在木筒的两端，成为排的一节。亭头的木排一般为 6 节，全长约 37 米，宽约 2 米，约 20 立方米，每节之间用竹篾编成的缆绳连接。每架排上都有一条 38 米长、直径 8 厘米大，用 8 片竹篾编织而成的大绳索，用来加固整架排，停放时，则将排固定在河岸上。排头和排尾朝前朝后各放一支长约 6 米的大木桨，用来把握方向。在第三节制备简易的火炉，供放排人煮饭菜。第四节用木条搭成床，用小绿竹平铺成床板，上面盖着用竹叶竹篾编成的拱形棚子以遮阳遮雨，放排人就在棚内住宿。备好料后，一般四个劳力，一天就能钉好一架排。有时亭头的木排放到湘店河口汀江边后，也会将两个排并成一个大排。两人放一架排，排头排尾各一人。放排时，要带衣服、油盐米、斗笠、棉被、洋油箱（亚细亚公司制造的进口油箱）用来装东西，以免潮湿。

亭头的木排一般放到永定峰市，因为棉花滩无法过排。木材卖给广东人后，由广东人重新钉排，交易结束。木材的交易都在上杭县城，该地有个木材交易场所，叫过驳行（新中国成立后改为转运站）。和各地的木材老板一样，亭头也有不少人在杭城开有木行，如李江兴开公平木行，李民城开胜记木行，亭头还有人在上杭为木材交易的中介人，如成细哥（小名）等，他们目测估算整架排的木材数量、质量及价格，向买卖双方获取手续费。顾客一般是广东潮汕人，潮汕人称汀江流域的人为"上山人"，闽西人称潮汕老板为"下水客""学佬"。木排放到上杭后，出工资由过驳行保管、看守，到卖出为止。放排人根据木主的交代将排送往峰市交给广东人后，收拾好行李返回。从峰市步行一天130里到达上杭县城，住简陋客店，第二天步行110里山路，从官庄经过中堡大凹（今粗石蟑大山）回到亭头，有时在大凹还会被土匪抢劫。

亭头的一架杉木排放到上杭，大约能卖200个光洋，而放一架排到峰市的工钱是5斗米或9个光洋，一般从亭头到峰市需4~5天，洪水期只需2天。

亭头木业的繁荣同时也带动了周边十几个村的木业发展，如老鸦山、大坑等自然村专门为亭头定制竹钉、圈子、缆绳、草把、竹叶棚等。

由于亭头天然的木排、竹排码头，所以亭头人历代都与树、水打交道，练就了过人的本领，亭头出生的人一般在六七岁就能浮在水中游泳，十二三岁就能砍竹木编木筏划回家，十六七岁就能站在独根树筒上过滩下潭。发大洪水时，上游冲下来的木筒树枝，全部能被亭头人一一拣起。每次大洪水，全村人就可少几天上山砍柴。在种树、砍树、取树、钉排、放排方面，家家户户历代都有人干，直到20世纪八九十年代，亭头还有人远走龙岩、漳州、三明、广西等地的山上打工搞木头行当。1972年，汕头木材公司蕉岭木材转运站还特地请亭头20多人前往蕉岭钉8米宽40米长的大木排下潮汕。六七十年代武北林业站成立，亭头80%的男劳力被招为工人，成了该站放排的主力军。

20世纪六七十年代，木材的运输主要还是水运，所以亭头的码头，由政府出资加以改造、完善，在河床较宽水较浅的地方都用水泥、石块砌成拦水的堤坝，使河水集中，便于木排通过。进入80年代，随着公路运输业的发展，加上各河段拦水兴建电站，水上放排逐步减少。到80年代中期，亭头的水上放排业完全消失。亭头的木、竹码头，完成了她的历史使命，也由此寿终正寝了。

（注：本文作者1965年出生于亭头，青少年时期亲眼目睹放排的情景。这之前的情况靠其父李锦兴回忆口述。李锦兴13岁学放排，一直到80年代放排业结束，是当时亭头有名的排头师傅，曾在亭头毛竹收购站、武北林业站工作多年）

旧时武南著名古埠——下坝

王增能

一　商业的发展时期和繁荣时期

下坝位于武平县城的西南端，与广东省的蕉岭、平远两县毗邻，离县城 30 公里。东有中赤溪，北有中山溪，西有广东的差干河，三条溪河交汇于南面广东的西子口，名为下坝河。下坝之所以能成为旧时武平的商业重镇，就因为有一条紧密地维系着闽、粤、赣边广大人民群众日常生计、得天独厚的下坝河。河边有墟市，名之曰"太平埠"。

15 世纪初，明宣德年间，蕉岭与下坝之间就已经有了船只来往，不过，尚未形成规模。清乾隆时，赣南各县食盐都从下坝挑运到江西罗塘，来往的挑夫日渐增多，于是就在这里开辟墟场，名之曰"太平埠"，当时店房无多，从广东沿海载来的盐，大多堆放在河边的沙坝上。买盐的人交完货款，便问客商："到哪里挑盐？"客商答道："到下面坝里去挑。"下坝之名即由此而来。并以"下坝"之名代之原来的"太平埠"之名。

由于得天独厚的地理位置，来下坝经商之客越来越多，尤其是江西宁都、雩都、兴国、信丰等县的盐商、米商都来到这里兴建盐馆、米馆，作储盐、储米之用。于是广东的盐大量地水运到下坝，由下坝肩挑到赣南各县；赣南各地的米也大量地肩挑到下坝，由下坝水运到广东。这时，罗塘与下坝之间，挑运之夫如同蚂蚁牵线，络绎于途。自鸦片战争之后，五口通商，海禁大开。香港、广州、上海等地花样众多的洋货，均由汕头进口，利用特有的水上运输便利运到下坝，使下坝的商业地位举足轻重，令人刮目相看。

辛亥革命推翻了满清帝制，下坝的商业进入繁荣时期。广东兴宁、梅县，以及赣南、上杭、永定、连城等县客商，争先恐后到下坝开设盐店、米店、杂货店、五金店、药材店、豆腐店、酒店和过驳转运站等。随后，赌博的、卖艺的、卖淫的、卖鸦片的也纷至沓来，灯红酒绿，纸醉金迷，靡靡之音不绝于耳。从下坝墟入口瑶前起到河唇排、猪子神下，共有盐馆、米仓及半营生意的店铺三四百间，其中正式商店就有三百多间。每逢三、八会景（墟日），仅岗背街到田垄间，来往人群摩肩接踵，短短的几百米距离就得半小时才能走完。此时，来往于下坝河的木船，最多时每天有六百多艘，每船载重逆水为3000斤，顺水为8000斤。仅盐一项，下坝每天的库存量就达60万包，约80万斤。

杂货的经营虽非大宗，但其营业额也是很惊人的。当时资本最大的杂货店以"瑞昌""祥和"为最，店员均为十四人，不算批发，仅零售，一个墟天即可收洋毫一万以上。每家的营业额一年十多万光洋。仅檀香一项，两家一年就各进400多斤（六七银毫一斤）。

这里还有值得一提的是兴和堂药材店，它在下坝做了三代，以讲信义著称于世。曾经发生过这么一件事：汕头某店失火毁了兴和堂未付之药材款的借据计4000个光洋，某店主自甘作罢，但兴和堂却并不认为有机可乘，照样公公道道偿还汕头某店四千个光洋。从此，兴和堂声誉大振，不仅汕头，而且香港、广州、上海等地的资本家都争相地以低于市价的价格将药材批发给下坝兴和堂，兴和堂每次进货，单党参、当归都各在1000斤以上。肉类消费量也很大，据下坝当年承包屠宰税的刘卓清先生提供的资料，民国12年：平日杀猪15～20头，杀牛6～10头；墟日杀猪50～60头，杀牛26～30头。

从下坝到江西罗塘的 110 里之间，还有为数颇多的茶亭和客店，足以说明往来贸易人士之多。凡茶亭几乎都有对联。中有上杭丘日华写的一副，以其文辞颇佳，特录于兹，以飨读者：

心力劳矣，对此清风聊驻足；

程途远否，饮斯白水再扬鞭。

随着下坝商业的繁荣，帝国主义的文化侵略也在此地乘虚而入。德国人在下坝建立了天主教堂，驻下坝的德国人有两个：一男一女，男的叫巴立德神甫，女的未详何名，这一男一女就住在原下坝小学礼堂门楼的东厢房里，中间仅一屏风之隔，是实际上的地下夫妻。此外，有一上杭来的德国神甫也在此住过。他们会扶助一些弱者并施舍一些药品且不收钱，又不公开胡作非为，因此很得一些群众的好评，发展的天主教徒达 100 多人。教主很有势力，如土匪潘顺荣敢抢武平县的县长，把县政府的公章用石头磨掉，却不敢得罪教主。

二　商业的逐渐萧条时期

民国 21 年至中华人民共和国成立前夕的近 20 余，往来于下坝的船只开始逐渐减少，生意渐趋衰落，是下坝商业的萧条时期。究其原因，有四点。

1. 民国 21 年前后，蒋介石实行碉堡政策，提出"封锁匪区"的口号，计口授盐，妄图把红军困死在中央苏区。下坝是水陆交通枢纽，离广东军严应鱼旅长的家乡平远很近，其西的溪头（今民主乡）又有红军活动，因此严应鱼便组织了一个"建筑炮楼委员会"，向群众派丁、派款，在下坝建筑了五座碉堡，其结果极大地削弱了作为"盐上米下"的下坝的商业地位（据说，严善堪舆之术，看出下坝五座山头的形势是"五马落槽"，今建炮楼五，如钉子钉在

"马鞍"上，下坝就动弹不得了）。

2. 民国 25～26 年间，从蕉岭新布到会昌筠门岭开辟了公路，嗣后蕉岭到上杭、武平的公路又通车，盐米杂货由水运改为陆运速度更快。维系闽粤赣边十余县的物资流通无须仅仰赖于下坝河了，下坝的商业往来又突然减少了一半。

3. 抗战爆发，日寇铁蹄践踏广东，潮汕沦陷，大宗的竹木土产出口无路。下坝山多田少，粮食大都靠江西等地供应，交通一闭，生活无着，于是一部分人到江西一带做工谋生，少数人则铤而走险，沦为盗贼。

4. 土匪猖獗，断绝了下坝的商业往来。抗日战争前，下坝较少发生公开抢劫商人的事件。抗战期间，特别是民国末年，三五人为一股或十几人、几十人为一股的土匪越来越多。他们互相火并，又互相勾结，公开绑架或打死商人的事时有发生。张三绑架了老板，则李四去保，老板又须付一大笔现洋才能获释。如果不肯花大钱，就会被打死，于是下坝的店铺纷纷关闭。这时，就有大土匪出面包路，沿途私设关卡，关卡按一担米收半洋毫、一担盐收二三个铜板的买路钱。土匪明收暗抢，大施淫威，使下坝的社会秩序混乱到了极点，结果下坝的商贸往来也就被完全破坏了。直到中华人民共和国成立后，特别是 20 世纪 80 年代"改革开放"后，下坝的商贸才逐渐恢复、壮大起来。

岩背埠与东岗桥的由来

罗炳星　练利龙

　　岩前的地势是东北高、西南低。而岩前的水却从广东广福流入岩前，从西南流向东北，经过上赤、中赤流入下坝，经潮州、汕头汇入韩江入海。

　　据长辈回忆，岩前溪过去水流充足，人们通过水运把竹、木、柴炭等源源不断运往广东；又从广东把油盐、日用品等运回岩前，于是，就在狮岩后侧往峰贵村的路口，建起了一个埠——岩背埠。在埠旁边建起了一座偌大的多功能的茶亭，茶亭里供奉定光古佛、妈祖娘娘等诸神塑像，茶亭可供来往行人小憩，免费供应茶水，又为埠，临时储藏待装、卸下的物资。旁边的厢房住着和尚。他身兼两职，平日里侍佛念经，早晚或闲暇时间帮助照看从船上卸下或待装上船的货物。因为有了存储货物的场所，在不足 100 米处，即为岩前城的"宝艮门"，门内有交易的市场。这就为简易的岩背埠，成就了它的重要地位和大大的知名度。

　　1912 年，孙中山先生建立中华民国之后，"岩背埠"这个简易的水运码头，因水面太窄、场地太小，因而又在沿溪上溯 500 米的"东岗桥下"（现岩前兴南街西边通广街的上段）增设一埠。德全泰文化用品商店左侧的一块空地上，由店主人捐献地皮，众人捐款建造了一座偌大的神龛，奉祀财神菩萨，香火鼎盛。在桥右边竖一上圆下方的"南无阿弥陀佛"神位。此埠只供即装或即卸的临时过往船只使用。此临时码头，在 20 世纪 60 年代初期还有遗迹，直至 90 年代才毁圮。

　　埠，即水运码头。后来，公路开通后，水运从此终止。但"岩

背埠"被人们写成为"岩背夫",错也。而后来在现兴南街尾增设
的临时码头,虽为当时当地经济的发展起过重要作用,但现在连埠
的名称也被遗忘,惜也!

消逝的背寨村南门坝码头

周文根

从前，闽西边陲的背寨村有条桂金河，滔滔河水流往江西赣江上游，在山下坝处汇合。

背寨村过去有个热闹的南门坎码头，占地面积 200 多平方米，下河台阶二十四级，台阶宽一米半左右，全用河中大、小石头砌成。

背寨村是闽、赣交界之地，又是三省经商必经之道，向东行距福建武平县东留镇圩场 18 公里。往西走离江西会昌县筠门岭集市也是 18 公里。更奇的是背寨桂金河水路通往筠门岭，虽然转了几道弯，流过羊角等几个小村庄，路程算起来有 20 公里左右。因过去往江西筠门岭经商的人，十有八九都被土匪拦路抢劫，造成人财两空的事例很多，又无法申冤，只好自认倒霉。因此有钱的老板为了安全起见，贵重物资便改用船载，运往背寨，纷纷捐资建起背寨村南门坝码头。

别看背寨村是座小码头，但它有悠久的历史，是历代兵家必争之处，又是闽、粤、赣经商人的中转站，从此，大米、食油、肉类和鸦片烟等源源不断从筠门岭发货，用各色各样的船只，冲破急流，艰辛撑篙，运送而来，在南门坎码头卸货，这些货物全得由人肩挑到武平县再发往各处。从武平县下坝集市挑来的食盐、煤油、药品和各种绫罗绸缎、日常消耗物资，又从南门坎码头装上大小不一的船只运往门岭镇会昌县一带。

码头是各种生意人发货收物的场所。南门坎码头虽小，可是众多的商号在码头周围的黄屋坎兴建，随着人员增多，酒店、烟馆、旅社、妓院，像雨后春笋般纷纷凸起，热闹非凡。

　　码头是船泊的港湾，繁荣的码头除神气活现的商人外，还有便是一些在码头上"嘿呦！嘿呦！"吆喝着调子，赤着上身，大汗淋漓，从早干到晚的卖苦力的搬运工。他们来自江西、广东、福建三省，为了填饱肚子，不得不在码头上洒尽自己的泪和汗。

　　码头又是一些花花公子的极乐世界，南城门虽然不是大都市，在封建社会黑暗背景熏陶下，这里成了地痞流氓吃、喝、嫖、赌，醉生梦死的场所。

　　南门坎码头真正值得注意、令人惊奇处，莫过于船夫和他所操纵的水上工具了。一根竹篙能使装盛千斤的木船快走如飞，不怕风浪，转弯便捷，勇往直前。

　　金坪城南门坎码头虽然经岁月沧桑而消逝，但至今还有完好的石墩遗留。随着水资源枯竭和沿河水电站、水库的建立，河水水位逐年降低，使原先正常的航道无法通行，使繁荣几度的南门坎码头失去往日的热闹场面，船夫水手们拉篷、摇橹、撑篙、开船等情景已一去不复返了。艰辛拼搏、用汗水赚钱的搬运工也只好另寻出路了。

桃溪小澜的古航道和古码头

张荣茂

小澜地处武平、上杭、长汀三县边境的接合部。梁野山脉的水流经小澜河汇入汀江河口。自古以来，在没有陆地公路交通的时候，汀江支流小澜可就是贯通长汀、上杭、永定峰市的水上交通要塞。早在20世纪初，就有"上河三千，下河八百"木船航运之称，上河（指上杭到汀州）每年有三千艘次；下河（指上杭至峰市）每年有八百木船艘次，构成汀江航运网络。

航运途中，船只要停泊，木排要靠岸，当然要有固定而坚固的码头。为此，人们在上村坝、峰斗子潭、林宝潭、神坛角、井子角、渡寮坝等河岸渡口都建起了码头，以用于人们上、下船，装卸货物。每当航船靠近码头时，装卸货物的码头工肩挑手抬，忙得不亦乐乎。

由于航运交通方便，给人们予生活来源，全村男子的百分之九十曾经划过木排或撑过船来维持家庭生活。

然而，20世纪二三十年代，在封建地主阶级、国民党反动派的统治下，军阀混战、拉夫派款、烧杀奸淫、苛捐杂税多如牛毛。国民党地方民团，在河口等地设卡逼税、抢劫掳掠，草菅人命，不可一世，使得穷苦农民走投无路。

反动派的残酷剥削和压迫，激发了苦难群众的奋起反抗。1929年春，毛泽东、朱德、陈毅同志率领红军入闽，先后进入了长汀、龙岩、上杭、永定等县城，消灭了闽西军阀郭凤鸣，大大振奋了闽西各地的人民群众，打开了革命的新局面。武装暴动的浪潮波澜迭起，土地革命的烈火到处燃烧。在党组织的领导下发动了春雷霹雳的小澜革命，建立了苏维埃政权，进行了轰轰烈烈的土地革命运动，极大地调动了工农群众的积极性。水上运输得到恢复，码头上又繁忙起来。

交通运输的发展，商贸物资的流动，带来了家庭手工业和服务业的发展。根据本地自然资源丰富的特点，竹木加工、造纸、烧砖瓦、烧木炭、冶炼生铁等和饮食店、豆腐酒店、客栈、日用百货商品等服务行业都蓬勃发展起来。

工商业的发展、市场的繁荣，引来了许多外地工商业者。如江西樟树开的药店、广东剃头师傅开的理发店、上杭裁缝师傅开的缝纫店，还有布衣店、日杂百货店、生产资料店和收购当地农副产品的店铺等。

水运交通事业发展，把武北地区生产的竹、木器材、粮食、油料等农副产品运至上杭、汀州、峰市等地出口，换回资金和生活用品。航运业成了当时小澜人民的主导产业。在中共地下党的领导下，在汀江沿线建立了稳固的红色交通贸易通道，给苏区人民和红军运送了大量的洋油（煤油）、食盐、药物、布匹等生活必需品，输出了一批一批的苏区生产的农副产品，同时还提供了大量的政治、经济、军事情报。为抗日战争、解放战争的胜利做出了不小的贡献。

解放以后，人民政府把航运古道和码头作了多次的改造和维修，使航道运输更安全、更畅通。组织了水运航运管理和安全检查机构，建立了本村水运队和民用船交通航运站，健全各种制度，使航运更有秩序、更安全，更好地为社会主义建设事业尽责尽力。

20世纪80年代以后，陆路交通有了很大的发展，汽车代替了运输的船只，航道作用日趋式微，又因在河道上建起了数座发电站，拦河大坝堵塞了航运去路，水上航运、码头退出了历史舞台。但小澜的古航道、古码头，在方便人们的生活方面和为革命斗争做出的贡献，永远铭刻在人们的心中。

武平水运会馆

——潮州和平馆收归始末

练康豪

清咸丰同治年间，武平县进士林其年在潮州韩山书院任主讲，为顺应武平县林农木商在潮州出售木材的需要，林其年为首倡议并组织武平林农木商集资，建起"和平馆"。抗战时该馆被日机轰炸毁圮。抗战胜利后，由练惕生、钟荣桂建议武平县林农木商以销售木材的5%提取资金集资在原址重建，继由林农木商选举理事，聘请工作人员驻馆为林农木商办理保管和出售竹木等有关业务及生活服务，受到武平县林农木商的广泛欢迎。

1950年武平县在"和平馆"设立"韩江上游小河竹木同业公会"，1952年设"闽西森工局办事机构"。1955年，当地政府以"反革命罪"逮捕该馆理事长张兆昌，"和平馆"人员无奈解散。房产被意溪镇房管部门一直占用，被列为公产管理。

"和平馆"坐落在意溪镇韩江堤岸上，建筑面积488平方米，三层高，为钢筋混凝土结构，在收归前夕，基本保持原貌。

1984年我在武平县府办任秘书时，就有一些单位、群众要求收归和平馆，1985年武平县曾向潮州市有关方面提出归还"和平馆"的要求，但由于年代久远，一直难以解决，成为一件省际的积案。1988年群众要求收归和平馆的呼声越来越强烈。

针对群众强烈呼声，我搜集群众意见撰写了《关于收归潮州"和平馆"的意见书》，文中阐述了收归的目的意义、有利条件和方法步骤。县政府收到此件后，县委书记、县人大主任、县长及县府办主任等进行研究，指定由我负责，偕同财政局退休干部刘相年共同承担收归工作，并签订了《授权委托书》，武平县政府全权委托我俩办理收归"和平馆"各项事宜。

我们依法律程序先后多次乘车或徒步到中山、下坝、民主、中赤、东留、岩前等乡镇，向3624户林农木商（建和平馆集资者）收取"委托书"，即委托武平县人民政府收归"和平馆"；我们又先后九次下潮州、汕头各地广泛调查取证，每次下潮汕以后都以口头和文字做出详尽报告，提出收归的具体措施办法，并充分搜集有关证据。县政府二次向潮州市政府发出《关于要求归还潮州意溪镇"和平馆"的函》，县委信访办也向潮方发出《关于我县林农木商要求收归潮州意溪镇"和平馆"房产的函》。从多方支持我们的收复工作。

起初，潮方提出异议，暂不归还。我们找法律、摆事实、讲道理，他们不再阻止归还。但他们又提出要求出具兴建"和平馆"的"土地证"或"房契证"或"结算清单"，并要求提供"和平馆"周围群众及当地政府有关"和平馆"是武平民众兴建的证明方能归还。这就是说要有充分、可靠、有效的人证、物证、旁证，才可收归。

这是一个极大的难题，因时间久远，原"和平馆"理事都已去世。但是我们根据理事长钟荣桂、张兆昌是被潮州市公安部门逮捕的这一线索推理，在潮汕地区的公检法三家一定有他们的档案材料。为此，我们在县委的介绍下，通过潮州、汕头公检法共六家寻查档案，最后在潮州市公安局找到了原重建"和平馆"理事长钟荣桂的"建造和平馆结算清单"、照片等有力证据，又取到了"和平馆"周围八位老人及意溪镇证实"和平馆"是武平林农木商集资兴建的确凿证据，和平馆收归有了实质性的进展。

紧接着武平县又加派钟如彬、刘国强、邹友华等人和我们共同前往潮州市，与潮方有关人士进行交涉、谈判。同时，我们向潮方递交了他们规定所需要的证据。双方尊重历史事实，一致认为"和平馆"所有权属于武平，应归还武平，从而圆满地解决了这起历史积案。县长曾克荣在一次人大会上宣布了"和平馆"已归还的事实，我撰写了《武平县与广东潮州市圆满解决了"和平馆"积案》的简要报道，在《闽西乡讯》等处发表。同时，武平县对和平馆的使用，也作了妥善处理。

至此，历时两年的收归"和平馆"工作宣告完满结束。

古埠山歌

（13 首）

爱唱山歌莫发呆，
出门先爱打啊嗨，
鸡公相打冇退脚，
树排下滩溜起来。

　　（桃汛收集）

月光弯弯在半天，
竹排跃跃在河边，
阿哥撑排赶大水，
阿妹连郎赶少年。

　　（罗炳星收集）

△阿哥阿妹码头坐，
两人坐哩唱山歌，
阿妹肯同阿哥走，
马上搭船下潮州。

　　（王麟瑞收集）

大船靠岸几时开？
阿哥转去几时来？
妹也难得再搭信，

分手时节讲定来。

　　（星星收集）

送郎送到上船边，
口问搭船几多钱，
男人搭船三分半，
女人唔要一文钱。

船公话事咁气人，
你船唔值一文钱，
上滩好比爬沙狗，
下滩更像狗犁田。

　　（邓文化收集）

唱歌唔怕人咁多，
相好唔怕人啰唆，
丝线架桥妹敢过，
竹叶当船妹敢坐。

（选自《武平歌谣集》内部版）

哥陪妹，到大河，

两人坐船笑呵呵，

歌子紧唱情紧有，

风流老妹风流哥。

　　（邱铅发收集）

△船子撑到码头边，

唔晓老妹爱搭船？

妹要搭船码头等，

阿哥马上就泊船。

△船子靠到码头边，

姮爱连妹莫迟延，

如果阿哥唔嫌弃，

潮州汕头聊一年。

　　（王麟瑞收集）

上山唔得墩下徛，

上得山来肚又饥，

有情阿哥等一驳，

当得汀州搭船归。

　　（林永芳收集）

阿妹生得咁苗条，

可惜渡船无竹篙，

阿哥有条空心竹，

借个阿妹慢慢摇。

妹子生得白漂漂，

河边洗菜用篮抛，

十指尖尖如姜笋，

害郎停桨又停摇。

　　（昭荣收集）

注：以上山歌除有"△"符号外，均选自《武平客家山歌选集》。

古埠诗选

山居晚眺

清·李梦苡

西峰日暮立柴关，如画川原一望间。
村树拖烟斜抱寺，溪云含雨半遮山。
孤鸿不带诗筒去，双鹤常随钓艇还。
最爱平畴新绿满，幽人十亩赋田闲。

龙河碧水

教谕　王銮

门外龙河净碧洋，晚来吟眺似沧浪。
高低楼阁平川市，大小船樯闽地航。
远树归鸦金闪闪，长空过雁字行行。
虽深百丈能窥石，只为源流彻底光。

龙河碧水

孙　勋

郭外平田护绿河，暮林烟树得春多。
长桥晚映龙横渚，细竹时摇燕拂波。
五夜星辰澄底见，四方云物望中罗。
年来淡月黄昏后，近浦渔家处处歌。

龙河碧水

刘 焘

一江城外号龙河，龙化沧溟岁几多？
混混源从梁野发，滔滔泉入海潮波。
浪涵春景鱼游镜，绿尽秋澄翠染罗。
最是月明堪听处，清风几度送渔歌。

龙河碧水

巢之梁

万派奔流汇玉河，岚光树色映来多。
桃花浪喷峨嵋雪，杨柳风吹太液波。
石峡浮霞明昼锦，沙堤积翠剪春罗。
澄清一碧犹无际，到处沧浪起暮歌。

龙河碧水

知县刘旷

清溪潺湲日长流，柳拂沙堤草拂洲。
云静星来潭底稳，月明鱼在镜中游。
泛波鸥鸟迷烟暮，傍渚芙蓉蘸水秋。
处处渔家闻晚唱，歌声缭绕彻城楼。

化溪碧水

王廷抡

千支百派从东汇，抱郭西南流不待。

夹岸芙蓉秋满江，沿溪桃李春如海。

云霞曙色落平川，星斗宵临荡异彩。

闻说延津剑化龙，物华天宝知何在？

渔　溪

赵良生

片石严陵常避汉，一竿渭水可兴周。

何如此水无心逝，万古涵清昼夜流。

千秋溪

赵良生

兹水足千秋，我心亦如此。

安得田富民，相与濯清沚！

化溪碧水

赵良生

一水碧萦回，绕郭势如带。

安澜去悠悠，恬波停霭霭。

附录：交通今貌

回顾解放初期武平公路建设概况

赖辉炳

武平地处闽、粤、赣三省接合部，上可通江西会昌、赣州，下可到广东蕉岭、梅州，省内则毗邻上杭、长汀。这本来是一个开展边贸极为有利的地理位置，可惜在国民党统治时期，公路建设毫无建树，以致交通闭塞，丰富的自然资源得不到开发，制约了社会经济发展，造成生产力低下、民生凋敝的落后状况。解放前商品流通，全靠肩挑或"鸡公车"（即独轮手推车）搬运，十分辛苦。民国23年（1934），国民党粤军黄任寰部为了"剿共"（围剿中央苏区）的需要，征工摊款修建了岩前到上杭和武平到十方的公路。但路况一直不好，下雨天车辆根本无法通行。此后钟绍葵和县政府又先后借口修筑武平到会昌、武平到下坝、高梧到回龙的公路，横征暴敛，搜刮民脂民膏。结果却是一句空话，有的只装模作样挖了点路基，全部半途而废，造成巨大损失。

解放后，人民政府对公路交通建设十分重视，在1949年12月就修复了武杭、武岩公路，使它能顺利通车。但当时只有少数的货车通行，没有客运。那几年，武平的干部前往龙岩开会，必须步行三天。一路山高林密，道路崎岖，种种艰辛状况，人们至今记忆犹新。止1952年止，人民政府对上述两路进行二次重修，终于使它们达到四级公路标准，并且开展了正常的客运、货运业务。

武平县公路建设的高潮，开始于1958年。其主要成就，一是开通了武会路，二是各乡镇（公社）纷纷修筑了乡村公路。早在民国24年（1935），国民党政府就强征民工，花了七万余工日修筑武会路，结果半途而废。民国27年（1938），福建省主席陈仪三令五申，命令武平县长"按非常时期赶筑武会公路",也毫无进展,不了了之。

1958年岩(岩前)象(象洞)公路正式通车,结束了象洞无公路的历史。图为从苏联进口的汽车,从象洞公社门口开出(照片由县档案馆提供)

武平县高上公路通车典礼(照片由县档案馆提供)

1958年,中共武平县委和县人民委员会为彻底改变武平的落后面貌,满足广大人民的心愿,决定打一场兴建公路的人民战争,首先向武会线开战。于是从全县各地抽调了2500多名民工,组建成公路建设兵团。这些民工全部按照民兵建制，实行军事化管理。当时，任命林启恭同志为兵团团长，赖辉炳为政治委员，还抽调县交通局局长信连奎等人亲往工地前线指挥。很快的，各营、连、排、班民工从全县各处纷纷开赴武会路沿线安营扎寨。有的人借住民房，有的人则分段在山上搭起了工棚。到处红旗招展，四野里歌声嘹亮。当时提出"抢晴天，抓阴天，和风细雨当好天"，个个热情高涨。每天天一亮就出工筑路，中午送饭上山，天黑了才收工回营，有时晚上还要挑灯夜战。通过几千名民工的日夜拼搏，仅用了四个月时间，就筑好了县城到东留段 20 公里的路基。1959 年铺设泥结碎石路面。同年下半年，公路建设兵团抽调了 4000 多名民工，奋战半年，又攻克了修筑东留至桂坑段 15 公里的任务。到 1960 年元旦，终于顺利通车（至禾仓坑还剩 5.6 公里于 1970 年修通）。

1959 年，武平首次购进两部工农 5 型手扶拖拉机。拖拉机农忙时下田耕地，农闲时可当做运输工具（照片由县档案馆提供）

武会路开工的同时，全县各公社也普遍掀起了全民办公路的热潮。各级党政领导亲自挂帅，日日夜夜到工地前线指挥战斗。其劳力上场之多，开辟路线之长，施工力量之投入（当时根本没有机械化设备，全靠肩挑锄挖），工程进度之快，群众情绪之高，都是有史以来从未有过的。毋庸讳言，那年代由于受"大跃进"浮夸风的影响，造成了许多不良后果。这些乡村公路的质量都很差，有的甚至车辆无法通行，但毕竟为武平县的公路建设事业奠定了基础。今天，各乡镇连接国道 205 线和省道 306 线的各乡村公路的路面，几乎都是在 1958 年全民大办公路时修筑的基础上进一步加宽、加固的。而且，当时武平经济力量薄弱，县财政收入有限，筑路者们既没有向上伸手要一笔款，也没有向群众摊派一分钱。能取得如此巨大的成就，完全是全县上下一条心，群众不计报酬、自愿投工投劳、勤俭节约、艰苦奋斗、克服重重困难无私奉献的结果。

武平现代交通的发展

王毅元　林富兴

一　初步发展时期

　　解放前，武平县仅有武平至岩前和十方至上杭界两段共 51 公里的简易公路，路窄、弯多、坡陡、桥涵临时铺设、路面坎坷不平、无正常养护，行车十分艰难。新中国成立之初，县人民政府对这两段公路进行全面整修，使之能基本正常通车，以保重要物资的运输。

　　1956 年成立的县交通科负责全县公路建设规划和筹建，将公路分为国道、省道、县道、乡村道，其修建与养护的资金分级负责。期间，主要依靠动员当地群众锄头开挖，肩挑手提，通过几年的努力，新增简易公路 167.5 公里。至此，武西南片可通桂坑、民主；武北片可通永平、桃溪、湘店；武东南可通象洞、武东、中堡。

　　"文革"期间，公路建设也难幸免于难，大禾、中赤、下坝公路时建时停，至"文革"后期，国家每公里补助 5000 元，加大了修筑力度，才勉强通车，全县实现了社社（即人民公社）通公路。

20世纪80年代初的县城中心桥（照片由县档案馆提供）

昔日的木板桥换成钢筋石砌大桥（照片由县档案馆提供）

　　党的十一届三中全会以后至1987年，公路建设迎来新的春天，县政府连续发文要求加强交通运输建设和路政管理，公路建设有了较快发展，全县的公路里程从1976年的547公里发展到1987年的827公里，通公路的行政村从133个扩展到177个。全县有国道1条，省道2条，县道12条，乡、村道78条，林区、矿区专用公路10条。国道205线（山海关至广州），由上杭县进入武平县十方经岩前至广东蕉岭，境内全长33公里。省道306线（泉州市晋江围头至江西禾仓坑），途经十方、万安、东留，境内全长59.3公里；省道206线（三明市将乐洋布至武平万安风吹口），由长汀县进入湘店店下经桃溪、永平、万安风吹口与省道306线连接，境内全长67公里。县道建设主要由交通部门负责，沿线群众投工投劳，资金除上级有极少部分补助外，均通过银行贷款解决。至1987年，共建成县道12条158.8公里，其中县城至中山铺设了沥青路，为武平县历史上第一条沥青路。乡村公路建设除了少数由国家测设并给予补助外，大多由乡村自建。至1987年共建成乡村道78条446.9公里，其中县城至城厢东云公路县汽车站至县林化厂1.55公里路段（实际上为城区街道）铺设了水泥路面。林区矿区公路分别属于林区和各工矿企业，是为运输木材和各种矿材所修建的专用通道，其修建和养护为所属单位负责。

党的十一届三中全会以来这段时期的公路的建设为武平县公路建设的飞速发展奠定了坚实的基础。

二　飞速发展阶段

1988年以来特别是最近十年，武平县交通进入了飞速发展阶段，实施了"镇镇通干线""县县通高速"等工程。"十二五"期间完成公路工程建设投资40.16亿元，其中2013年度投资高达12.2亿元。

截至2015年底，武平全县公路总规模为2696公里。按行政等级分：高速公路68公里，国道31公里，省道160公里，县道347公里，乡道805公里，村道1285公里，路网密度102公里/百平方公里。全县17个乡镇214个行政村通达率100%，通乡（镇）公路技术等级除通中赤乡正在重铺四级双车道外，其余均达三级以上。

目前，武平现代公路交通网络业已成型，以永武高速、古武高速及国道205线、省道309线和省道205线为依托的"三纵二横"为公路主骨架，构成多级公路网串联的路网体系。

"三纵"为永武高速、国道205线和省道205线。

"一桥飞架南北，天堑变通途"。20世纪末，武平交通局谋划建桥，武平最长的公路大桥——吴潭大桥，横跨汀江，为汀江北岸上千名百姓带来新的希冀 李国潮 摄

永武高速：即国家高速公路规划中第三纵长春至深圳线永安至武平段高速公路，是福建省"三纵八横"高速公路网布局中第二纵的南段，也是武平对接珠三角和长三角及东出沿海的重要走廊，全长195公里，武平境内29.65公里，经十方、岩前两镇18个行政村，采用双向四车道设计，设计时速100公里，设武平（十方）、岩前两个互通区，鲜水丰坑1个服务区。2006年12月27日开工建设，2009年9月29日全线建成通车，打破武平县内无高速公路的历史。

国道205山深线（山海关至深圳）：县境内起于高梧界牌头，终于岩前大布村，全长33公里。1987年时为三级沥青路面，1992年6月至1995年11月按部颁二级路标准进行改造，缩短为30.91公里。"十五"期间，再次实施了国道205线改善工程。现路面宽度11.5米，水泥砼路面，桥梁宽度为12米，桥梁允许荷载20吨，最大允许交通量为15000辆。

省道205富下线（浦城富岭至武平下坝）：由长汀濯田入县境，经湘店、桃溪、永平、万安、城关、中山至下坝，境内全长109.5

公里，分两部分实施改建。

第一部分为湘店店下至城关段。为绕开挡风岭，2000 年 10 月实施永平至城关路段（23 公里）改造，2000 年 11 月开建，2001 年 4 月按二级公路标准变更设计，2006 年建成通车。2008 年实施永平至桃溪至店下段 48.4 公里二级路改造工程，设计时速 40 公里，路基宽 8.5 米，路面与路基同宽，工程总投资 15018 万元。

第二部分为城关至下坝段。改建工程全长 35.139 公里，设计路基宽度为 8.5 米~12 米（武平城关至黄泥塘段路基宽 12 米），全幅水泥混凝土路面，设计时速为 40~60 公里，项目总投资 1.9 亿元，按部颁二级公路标准设计。项目于 2010 年 7 月开工建设，2012 年底主体工程基本完成。

"两横"为古武高速和省道 309 线。

古武高速：即漳洲古雷港区至武平（闽赣界）高速公路（武平县十方至东留段），是海西高速公路网"第八横"的重要组成部分，是福建省西部内陆地区连接的连结线。全长 38.824 公里，路基宽度 24.5 米，按双向四车道高速公路标准建设，总投资 26.73 亿元，起于武平十方镇三坊村，止于闽赣界东留镇狐狸峡，与江西省寻（乌）全（南）高速相接，途经十方、城厢、平川、中山、东留等 5 个乡镇 17 个行政村。全线设三坊（枢纽互通）、武平等两处互通式立交、武平收费站一处、闽赣主线收费站一处和梁野山服务区一对，隧道 6 座，桥梁 23 座。工程 2010 年 7 月 28 日开工建设，武平十方至县城段于 2013 年 12 月竣工通车，全线于 2015 年 10 月 30 日建成贯通，刷新了武平现代交通的历史。控制性工程为上峰大桥、西木山隧道，创造了境内"两最"：一是最高桥梁，跨越龙峰电站水库的 922 米上峰大桥，主墩最高 85.2 米；二是最长隧道，西木山隧道全长 3812 米，属上下行分离式特长隧道。

古武高速公路武平县城连接线（武平大道），全长 3.43 公里，设

古武高速一段　李国潮 摄

计时速 50 公里，道路红线宽 63 米，道路横断面为双向六车道加两侧
辅道（共 10 车道），路面结构为改性沥青混凝土，项目总投资 4.35 亿
元。工程于 2012 年 1 月 7 日开工建设，2013 年 2 月 5 日竣工通车，一
年零一个月的短时间内完成了优质工程建设，创造了"武平速度"。

武平大道鸟瞰　李国潮 摄

省道 309 东东线（漳州东山—武平东留）：万安风吹口至江西禾
仓坑路段改造工程长 30.96 公里，总投资 9218.87 万元，2000 年列
为交通战备公路改造项目，2001 年 11 月至 2003 年 11 月完成，2004

年 1 月竣工验收；十方至万安风吹口路段改造工程长 25.49 公里，按山岭重丘二级公路标准设计，概算投资 8978 万元，2003 年 7 月至 2005 年 11 月竣工。

如今，永武高速、国道 205 线东进连接厦漳泉，南下直通珠三角；古武高速西连江西接济广高速；省道 205 线、309 线分别南下广东、西连江西，使武平成为可在 4 小时内到达四个经济特区、四大特区港口的县份之一，成为闽粤赣边的重要交通枢纽和物资集散地，三省通衢的区位优势得以凸显。

由此带动了运输业的蓬勃发展。据统计，武平县"十二五"期间完成客货运输总周转量 23.5 亿吨公里，2013 ~ 2015 年连续三年居全市第一，平均年递增 14%，增幅居全市前列。货运企业从 5 家发展到 11 家，货运车辆从 327 辆共 1404 吨发展到 1025 辆共 10721 吨，货运车辆结构转型为以重型车辆为主，并逐步发展拖挂车辆，达到了 69 辆。运输场站建设取得新进展，"十二五"期间投资 9970 万元新建了县城一级客运站，改造村级候车亭 15 个，实现镇镇有客运站。"村村通客车"工程成效明显，开通农村客运班线 24 条，投入农村客运车辆 64 辆，日发班车 170 班，乡镇通达率 100%，符合安全通行条件的建制村通车率达 100%。

古武高速武平段中山上峰大桥　张乃彬

三　未来发展展望

为适应经济社会的发展和人民生活的需求，武平县将继续实施"交通先行"战略，加大交通发展步伐，提升交通网络等级，重点发展以下三个方面，以实现"铁（路）公（路）机（场）"综合交通梦想。

"一铁"规划：根据海西铁路（龙岩）发展规划，龙岩至梅州（龙川）铁路项目有望通过我县境内，走向为：上杭湖洋经十方熊新、高梧、鲜水、梅坑、龙井、杨梅、澄邦接广东广福。适时规划建设火车站连接线，争取实施省道309线经十方火车站至国道205连接线和省道309线十方至武平段按一级公路标准提级改造，奠定"综合交通"的发展基础。

"四高"规划：在"十二五"顺利建成永武高速、古武高速公路的基础上，规划抓住国家优先支持老区苏区县加快发展的有利时机，乘势做好域内第三条高速即长武（长汀至武平）高速武平段和第四条高速即四平（福建武平至广东平远、和平、连平）高速武平段的前期规划工作，争取列入国家和省"十三五"建设盘子。

"一场"规划：规划在中山镇或城厢镇合适地段建设规模适度的通用航空机场，主要用于空中救援、文化体育、飞行培训、森林防火、病虫害防治、抢险救灾和战备需要等，项目规划用地500亩，总投资约5亿元。计划通过招商引资模式，引进航空公司投建。

近期交通基础设施建设重点为两项：环城快速通道建设和环梁野山城乡一体化协调发展试验区核心区道路互通工程。

环城快速通道项目由三条国省道干线县城过境线组成，国省干线 G358 线武平境内过境线文溪至半岭段公路工程（环城南路）、国省干线纵八线武平县神树岗至下陈屋段公路工程（环城北路）、国省干线横十一线武平县城关过境线长坑至风吹口段公路工程（环城东路），总投资约 8.82 亿元。项目计划 2016 年开工建设，2018 年底前全面建成通车。建成后，与现有省道 205 线（环城西路）贯通形成武平城区环路，环路内城区面积达到 28 平方公里。环城快速通道在提高城区道路通行能力，实现城区、园区、景区快速连接的同时，必将有力地带动武平省级工业园区和环梁野山城乡一体协调发展试验区建设，有力地促进武平宜居宜业宜旅城市建设，推动城乡融合、产城融合、文旅融合。

为实现全县域"景区串联"，加大城乡交通基础设施建设力度，优化通景旅游公路网络，构建安全、舒适、便捷的出行系统，2016 年启动环梁野山城乡一体化协调发展试验区核心区道路互通工程，力争实现"两年内核心区道路相通、三年道路服务功能拓展、五年拓展区道路贯联"目标。结合最美旅游公路建设，打造环梁野山国际越野跑赛道、梁野山山地自行车越野赛道和环梁野山自行车骑行道，其中，越野跑赛道 90 公里，山地自行车赛道 5.5 公里，骑行道 58 公里，估算总投资为 4909.91 万元，建成投用后，将为广大越野爱好者提供一个风景秀美的越野圣地。

后 记

中共武平县委拟策划出版一套"梁野文库"系列丛书,旨在让武平人民及其后代了解武平县瑰丽风光、丰富资源及传奇式的人文历史。遵照县委的策划精神,县交通运输局组织编撰了这本书——《悠远的古道——武平古代交通印记》。

本书的文章有一部分转引自武平县政协文史委员会出版的《武平文史资料选辑》;辑录的山歌则转引自《武平客家山歌选集》;插入书中的绘画(包括封面、封底)是刘汉兴先生提供的画作;插入书中的照片除提供者署名外,大多由李国潮先生摄影或提供,有些则选自《历史一瞬间》;书中的诗词转载于武平县志(民国版);书中的对联除搜集者署名外亦来自武平县志。在此一并说明并致谢!

本书创意为集"五古"(古道、古桥、古亭、古渡、古埠)于一书,熔历史性、知识性、科学性、可读性为一炉,以存史、资政、教育为宗旨,为武平人民及其后裔记住乡愁提供尽可能翔实的历史资料。由于编者的水平所限,也许书中存在有违创意的某些地方;由于时间仓促,收集的资料难免良莠不齐;文字篇章的斟酌也难免有欠缺之处。在此一并请读者诸君见谅!

对县政协文史委员会、武平县客家联谊会、参与书稿写作和编审的领导及文史工作者们表示深深的谢忱!

编 者

2016 年 10 月

图书在版编目（CIP）数据

悠远的古道：武平古代交通印记／陈厦生主编 . --
北京：社会科学文献出版社，2017.12
（梁野文库）
ISBN 978 - 7 - 5201 - 1775 - 3

Ⅰ.①悠… Ⅱ.①陈… Ⅲ.①交通运输史 - 史料 - 武
平县 Ⅳ.①F512.9

中国版本图书馆 CIP 数据核字（2017）第 281013 号

·梁野文库·

悠远的古道
——武平古代交通印记

主　　编／陈厦生

出 版 人／谢寿光
项目统筹／宋月华　张倩郢
责任编辑／张倩郢

出　　版／社会科学文献出版社·人文分社（010）59367215
　　　　　　地址：北京市北三环中路甲 29 号院华龙大厦　邮编：100029
　　　　　　网址：www. ssap. com. cn
发　　行／市场营销中心（010）59367081　59367018
印　　装／三河市尚艺印装有限公司

规　　格／开　本：787mm × 1092mm　1/16
　　　　　　印　张：20.5　字　数：256 千字
版　　次／2017 年 12 月第 1 版　2017 年 12 月第 1 次印刷
书　　号／ISBN 978 - 7 - 5201 - 1775 - 3
定　　价／98.00 元

本书如有印装质量问题，请与读者服务中心（010 - 59367028）联系